Eurus

Notus

高田一宏
Kazuhiro Takada

新自由主義と教育改革

大阪から問う

Boreas

Zephyrus

岩波新書
2029

JN042454

目次

目　次

序――検証なき改革を検証するために

「改革」を掲げた教育政策の転換は教育をよくしたのか。子どもたちの学びと育ちは保障されているのか。それらについて、大阪の事例を中心として具体的に考えたい。これが本書を書こうと思った動機である。

私は「改革」とカギカッコでくくって書いた。それは、改革の成果と課題がしっかりと明らかにされないまま、政策転換がなし崩し的・矢継ぎ早に行われてきたからである。「短所や不十分な点を改めてよりよいものに変えていく」という、本来の意味での改革が実現されたのか、疑問に思っているからである。ここから先は煩雑になるのでカギカッコをつけないが、「改革はよい結果をもたらす」という前提を問い直すことが必要である。

私が近年の教育改革をどうとらえているか、どうして大阪の教育を取り上げるのか、簡単に述べたい。

教育改革を振り返る

文部省(当時)の中央教育審議会(中教審)が「21世紀を展望した我が国の教育の在り方について(第一次答申)」を公表したのは一九九六年だった。この答申は、子どもたちが「ゆとり」ある生活を送れるようにし、全人的な「生きる力」を育むという教育改革の理念を打ち出した。だが、その直後、大学生の学力低下を国家の危機だと訴える本(岡部・戸瀬・西村 一九九九)がベストセラーになり、「ゆとり教育」の理念と政策に不安の声が上がった。

この頃には二〇〇二年四月から学校完全週五日制が始まり、小・中学校では二〇〇二年度から、高校では二〇〇三年度から新しい学習指導要領(学校での学習内容と標準的な授業時数を定めた文書。文部科学省が告示する)が実施され、「総合的な学習」が始まることが決まっていた。「教科の学習の内容と時間は減るそうだ。なんだかよくわからないが「総合的な学習」も始まるらしい。こんなことでこれからの日本の教育は大丈夫なのか?」という不安が広まったのである。

文部科学省(文科省)は「学力低下」をめぐる不安に対応して、二〇〇二年一月に「確かな学力の向上のための2002アピール「学びのすすめ」」と称する文書を公表した。この「学びのすすめ」は、学習指導要領は学習内容の最低基準であって上限ではないことをはっきりと述べた。そして、少人数授業や習熟度別授業によって基礎・基本を確実に定着させること、理解の進んでいる子ども向けに学習指導要領の範囲を超える発展的な学習を実施すること、放課後の補充学習や家庭学習の充実をはかることなどを呼びかけた。

この頃、私は学校や地域で現地調査を行いながら、「総合的な学習の時間」を通して育まれる学力のあり方や地域と学校の連携の意義について考えていた。そこで出会った教師たちは、文科省の対応に「文科省は方針転換したのか？」と戸惑っていた。「地域との協力関係が崩れないか？」とか「習熟度別の指導は学力格差を広げるのでは？」といった不安を口にする教師も少なくなかった。

教育学者たちは、日本の子どもの学力について、習熟度は高いのに学習意欲が低いことをかねて指摘してきた。「学びからの逃走」(佐藤 二〇〇〇)という問題である。意欲の階層間格差が広がっていることも明らかだった。「インセンティブ・ディバイド(意欲の二極化)」という問題である(苅谷 二〇〇一)。西日本の同和教育の盛んな地域では、一九九〇年代から同和地区の子どもたちの学力不振に関する研究が積み重ねられていたが、そうした研究の延長線上で、本当に問題にすべきことは学力の「低下」ではなく「格差拡大」だという声も上がっていた(苅谷・志水他 二〇〇二)。

二〇〇三年に実施された学力の国際比較調査ＰＩＳＡ(Programme for International Student

Assessment)では日本の順位低下が明らかになり、後に「PISAショック」と呼ばれるようになった動揺が教育関係者の間に広がった。調査結果を受けて、当時の中山成彬《なかやまなりあき》文科大臣は全国的な学力テストを実施する方針を打ち出した。この方針には多くの反対論・慎重論が寄せられた。しかし、教育の質を確保するためには教育の結果を検証する必要があるとの理由から、二〇〇七年に全国学力・学習状況調査(全国学力テスト)が始まった。

調査開始一年目と二年目は、全国で唯一、愛知県犬山市が調査に参加しなかった。市の教育委員会は、この調査は教育に競争の原理を導入するものだととらえた。当時、犬山市は独自の教育改革を進めており、全国学力テストに参加しても市の取り組みを検証できないとの判断も働いた。犬山市にとって、全国学力テストは「日本の公教育の健全な発展にとって、不要かつ有害」(犬山市教育委員会 二〇〇七、六頁)なものでしかなかったのである。犬山市の選択は、文科省を頂点とする上意下達の教育行政に鋭く異議を唱えるものだった。

しかし、教育委員会がテスト不参加を決めた直後に就任した新しい市長は、テストへの参加に前向きだった。結局、教育委員は市長の意をくむ人々に入れ換えられ、犬山市も調査に参加することになった。全国の小学六年生と中学三年生が毎年一斉に学力テストを受ける体制が確立したのである。

二〇〇〇年代以降の日本では、学力の向上が教育政策の最重点課題となった。今も「主体的・対話的で深い学び（アクティブ・ラーニング）」や「「個別最適な学び」と「協働的な学び」の一体的な充実」など、学力に関わる目新しい言葉が次々と現れている。

改革の何が問題だったか

今まで述べてきた改革には次のような問題があったと私は考えている。第一に、教育界（教職員、教育行政関係者、教育研究者）の意見が尊重されず、政治主導で改革が進んだこと、第二に、選択や競争で教育はよくなるはずだという考え方が広まっていったことである。

近年、政治家の意見が教育政策に大きく影響するようになっている。そのきっかけは臨時教育審議会（臨教審）の設置（一九八四年）である。従来、国の教育政策の基本は、文部省の中教審で議論されていた。だが、当時の中曽根康弘首相は、第三の教育改革（「第一」は明治のはじめの、「第二」は戦後の教育改革を指す）をうたい、首相肝いりの改革を断行しようとした。その後、教育改革国民会議（小渕政権・森政権）、教育再生会議・教育再生実行会議（第一次・第二次安倍政権）など、首相の私的諮問機関が教育政策の大枠を示し、それを中教審が具体化するという役割分担ができていった。地方でも首長が教育行政に大きな影響力を行使する例が目立つようになった。先に触れた犬山市や本書で取り上げる大阪府・市はその典型例である。

政治主導の教育政策は「新自由主義」の考え方に強い影響を受けている。これが二つ目の問題である。教育における新自由主義とは、教育に市場原理を取り入れ、子どもや保護者(＝消費者)による教育(＝商品)の選択を促し、教師や学校(＝サービス提供者)同士の競争を促すことによって、できるだけ安上がりに教育の質を向上させようという考え方である。新自由主義は、経済と社会のグローバリゼーションが進むなか、各国の教育政策に大きな影響を与えてきた。イギリスのサッチャー政権(一九七九〜九〇年)やアメリカのレーガン政権(一九八一〜八九年)の政策が先駆例としてよく知られている。

日本で新自由主義的な教育改革が本格化したのは、小泉内閣(二〇〇一〜〇六年)・第一次安倍内閣(二〇〇六〜〇七年)の頃である 具体化した政策の例には、小・中学校の通学区域制度を弾力的に運用して就学する学校を変えられるようにすること、さらに進んで学校選択制を取り入れること、国・地方自治体・学校法人だけでなく株式会社も学校をつくれるようにすること、学力テストの結果を公表して各校や自治体の競い合いを促すこと、一人ひとりの教員の業績評価を給与や処遇に反映させることなどがある。

海外では、新自由主義的改革が教育機会の格差や社会的不平等を拡大したことが明らかになっている。格差が広がってバラバラになりそうな社会をまとめるために保守的な思想が台頭し、多様な他者との共存・共生が軽視されるようになったとの指摘もある。しかし、新自由主義的改革は、政権が交代しても後戻りせず、軌道修正しつつ受け継がれている。いったん転がりだした改革は、なかなか止められないのである。

なぜ大阪の教育か

新自由主義的な教育改革は教育現場と子どもたちにどのような影響を与えたのか。それを事実に即して明らかにすることが本書の課題である。では、なぜ、大阪を検討の対象にするのか。詳しくは第1章で述べるが、その理由は二つある。

一つ目は、大阪では新自由主義的な教育改革が大規模かつ組織的に行われてきたからである。改革は義務教育段階から後期中等教育段階(高校など)にまで及び、学校だけでなく家庭や地域にも影響を与えてきた。地域政党「大阪維新の会」の候補者が二〇一四年の二度目のダブル選挙で府知事と市長に当選してからは、改革は急加速している。

二つ目は、新自由主義に対抗する教育の可能性を考えたいからである。私の知り合いの研究者は、大阪で培われてきた独特の学校文化を「人権・同和教育に根ざした学校文化」と名づけ、その文化に新自由主義に抗する「レジリエンス」(日本語では「復元力」や「柔軟性」を意味する)を見出している(濱元・原田 二〇一八)。この文化は大阪の教育を「多文化共生の実験室」(髙谷 二〇二二)へと発展させてきた。

以上二つの理由から、大阪の教育改革を検証することは、日本を含む諸外国で展開されてきた新自由主義的な教育改革の検証につながり、また、新自由主義的な改革に代わる教育改革を展望することになると、私は考えている。

改革を中間総括する——本書の構成について

序の終わりとして本書の構成を述べたい。

第1章では、新自由主義的な教育改革の国際的潮流と二〇〇〇年頃からの日本の教育政策を振り返り、大阪の教育改革を検証することの意議を論じる。この時期、日本の教育政策は「ゆとり」に代わって「確かな学力」を重視するようになった。全国学力・学習状況調査が始まり、自治体や学校は競争的な環境の中に置かれるようになった。このような変化が最も大規模かつ急激に起きたのが大阪である。

第2章では、大阪の教育改革の幕開けを描く。従来の教育政策や教育実践と近年の政策転換とを対比し、両者の対立・葛藤を述べる。私は改革の開始を告げる「セレモニー」として催された「大阪の教育を考える府民討論会」(二〇〇八年一一月)にひとりの府民として参加したが、集会の雰囲気は自由闊達な討論とは言えないものだった。その時に感じた不安はのちに現実のものとなる。

第3章から第5章までは教育改革の各論を取り上げてその動向を振り返る。取り上げるテーマは、学力政策(第3章)、小・中学校の学校選択制(第4章)、高校の入試制度改革と高校再編(第5章)である。各章の内容の多くは、最近約二〇年の間に私が行った個人研究や共同研究によっている。

第6章では、一連の教育改革が成果を上げたのかを統計や調査にもとづいて検証する。具体的に取り上げるデータは、子どもたちの現状(学力、進路、不登校などの教育課題)と教育改革に対する保護者と教職員の意見である。

第7章では、新自由主義的な教育改革に対抗する教育のあり方を考える。キーワードはレスポンシビリティ(responsibility)と子どもの権利保障である。レスポンシビリティは「応答性」や「応答責任」と訳されるが、教育者が子どものニーズや願いに応じて教育を進めることを指す言葉である。この章では、子どもの育つ権利の中核には参加の権利があること、参加を促す教育は社会をつくりかえる主体として子どもを育てる教育にほかならないことを論じ、地域発の教育改革の展望を示したい。

「教育は国家百年の大計」と言われる。だが、この間、改革の成果と課題は十分に検証されることなく、教育現場は矢継ぎ早の改革に振り回されてきた。

改革の必要性を訴える人たちは、「改革を試みたが、うまくいかなかった」とは決して言わない。その人たちに言わせれば、改革は常に進めなければならず、改革は必ず成果をもたらすものである。何か不具合や問題が起きているとすれば、それは改革が足りないからである。時には教育関係者が「抵抗勢力」として悪者扱いされることもある。

改革は教育現場に何をもたらしたのか。大それた言い方になるが、この辺で立ち止まって中間総括をやってみようと思う。

第1章　新自由主義的教育改革の潮流

――歴史を振り返る

本章では、まず新自由主義の思想とそれに影響を受けた教育改革の先例を紹介する。近年、経済と社会のグローバル化を背景に、日本を含む多くの国々で新自由主義的な教育改革が行われるようになっているが、それらの代表例としてイギリスとアメリカを取り上げる。

ついで、二〇〇〇年代以降の日本の教育改革を振り返る。この時期、日本では「三位一体改革」(小泉政権)や「地域主権」(民主党政権)というスローガンのもとで地方分権が進み、自治体の首長が教育行政に積極的に関与できるようになった。この動きと並行して、教育基本法が改正され、全国学力・学習状況調査が始まり、教育への中央集権的な統制が強化された。こうして、分権化と集権化という、一見、相反する動きが同時に起きるなかで、競争の秩序が形づくられていったのである。

締めくくりでは、新自由主義的な教育改革の例として大阪の教育を取り上げることの意味を改めて述べる。大阪は新自由主義的な教育改革が全国で最も大規模に展開されてきた地域だが、改革に対抗する教育への展望を示してくれる地域でもある。

1　新自由主義的教育改革の系譜

新自由主義の思想

新自由主義の何が「新しい」のか。古典的な自由主義とはどこが違うのか。まずは現代の新自由主義を理解するための予備知識を押さえておこう。なお、以下の記述内容は、主に、田中拓道の『リベラルとは何か』(田中 二〇二〇)およびスティーガーとロイによる『ネオリベラリズム』(Steger & Roy 2021)を参考にしている。

古典的な自由主義の思想は、一七世紀イギリスのジョン・ロックにまでさかのぼる。ロックは、人々は生まれながらに「自然権(生命、自由、財産の権利)」を持つと考えた。人々のあいだの剝き出しの争いを制御して自然権を守るため、人々が契約を交わし合ってつくった権力が国家である。このような考え方を社会契約論という。国家の役割は自然権を守ることにあり、国家は個人の信仰や思想の自由に立ち入ってはならないとされた。

自由主義の政治思想を経済思想に移したのは一八世紀のアダム・スミスである。スミスは、自由な市場では「神の見えざる手」が働くと考えた。市場での商品の売買では、買い手は安くて品質がいい品物を選んで買おうする。売り手はそうした商品を競って提供して利益を上げようとする。その結果、値段が高すぎたり品質が悪すぎたりする商品は市場から消えていく。市場にはこのような「自己調整」のメカニズムが組み込まれている。だから、国家は自由な市場に介入するべきではないとされた。

自由放任の経済政策は、当初、新興の商工業者に支持された。ところが、一九世紀から二〇世紀にかけて労働者の貧困が深刻化すると、労働者と資本家の階級対立が激しくなった。古典的な自由主義は社会主義とファシズムの台頭によって影響力を失い、世界は経済恐慌と大戦とに見舞われた。

この経験をへて、第二次世界大戦後、政府が積極的に雇用を生み出したり再分配を推し進めたりする「ケインズ主義的福祉国家」が生まれた。再分配とは、国家が富を分配し直すことを指す。国家は税金や保険料を集めて、年金や失業、出産・育児関係の手当てを給付したり、医療・介護・保育・教育などの公共的なサービスを提供したりする。これらの政策によって富の偏りを小さくすることが再分配のねらいである。

福祉国家では「働ける個人には就労の場とリスクへの保障を提供し、働けない個人には最低所得を保障することで、各自が「自由に生活を築く」ための条件を整備すべき」(田中 二〇二〇、二九頁)という考えにもとづいて社会政策が進められた。そして、一九五〇年代から一九七〇年代はじめにかけて先進各国には「成長と分配の好循環」がもたらされた。この福祉国家的政策への支持を、田中は「リベラル・コンセンサス」と呼んでいる。ところが、二度のオイル・ショック(一九七三年と一九七九年)によって経済成長に急ブレーキがかかると、「リベラル・コンセンサス」は大きく揺らいだ。この時に台頭したのが新自由主義である。

新自由主義は福祉国家の非効率性を批判し、自由な市場における競争を重視し、小さな政府を目指す。だが、新自由主義は古典的な自由主義のたんなる焼き直しではない。それは「価値の多元性」に支えられた思想である。福祉国家への攻撃も「価値の多元性」と結びついている。つまり、新自由主義の信奉者は、生き方の選択の自由を抑え、個人から富を取り上げ、別の誰かに与えるのは不当だとして、福祉国家的な政策を批判したのである。

この思想にもとづいた政策を大々的に展開したのが、イギリスのサッチャー政権(一九七九〜九〇年)とアメリカのレーガン政権(一九八一〜八九年)である。新自由主義の思想が経済と社会に与えた影響を、田中は次のように述べている。

新自由主義は、もともとは価値の多元性と個人の選択を重視する思想だった。しかし、それが政治において実践へと移されると、経済的な価値を一元的に強調し、個人を経済発展へと動員する思想に変質していった。格差の拡大によって社会不安が高まると、それは個人よりも伝統家族や国家という集団を上位に置く保守的・権威主義的な道徳と結びついていくことになった。

（田中 二〇二〇、五二頁）

国家が再分配に消極的になれば、経済的な格差は拡大する。この事態に対応するために新自由主義は保守主義と結びつくのである。自由の尊重を旨とする新自由主義は、本来、保守的・権威主義的な道徳とは相容れないはずだが、サッチャー政権もレーガン政権も「伝統」の価値を重んじた。日本でも、一九四七年に公布・施行され、戦後の民主的な社会づくりを理想としてきた教育基本法が改正されて「国や郷土を愛する態度」が教育目標として明記されたり（二〇〇六年）、小学校では二〇一八年から、中学校では二〇一九年から道徳が「特別の教科」として実施されるようになったりするなど、英米と似たようなことが起きている（道徳を専門とする教員免許はない。道徳の授業を担当するのは学級担任である。また、道徳では他の教科のような数値による評価は行われない。これらの理由から道徳は「特別」とされている）。

新自由主義的教育改革の先例①――イギリス

イギリスでは、サッチャー政権のもとで制定された「一九八八年教育改革法」によって、国全体で教育内容の基準が統一された。これをナショナル・カリキュラムという。そして、学習の達成度を測定するナショナル・テストが導入され、各校の成績はリーグテーブル(ランキング表)で公開されるようになった。合わせて、公立学校に学校選択制が導入され、学校の自律的な運営が強調されるようになった。教職員の人事と予算の使い道を最終的に決めるのは各学校の理事会である。

改革には保守的な要素も組み込まれていた。首都ロンドンの教育委員会の分割・解体である。ロンドンは「マイノリティの人権や社会的公正を重視するスタンス」(志水 二〇一二)をとっていたが、その姿勢はサッチャー政権の価値観と相容れなかったため、二〇いくつかの委員会に分割されたという。

サッチャー政権の政策は同じ保守党のメージャー政権(一九九〇～九七年)に引き継がれた。その後、政権は労働党に移ったが、労働党のブレア政権(一九九七～二〇〇七年)では伝統的な福祉国家的政策ともサッチャー流の新自由主義的政策とも異なる「第三の道」政策が打ち出されった。教育政策では前政権のもとで拡大した格差の是正と社会的な公正が重視されるようになった。この時期に実施された政策には、貧困層の未就学児とその保護者を対象とする総合的な就学前教育・家庭支援政策「シュアスタート(Sure Start)」がある。

その後、政権は同じ労働党のブラウン(二〇〇七～一〇年政権担当)に引き継がれ、さらに、保守党と自由党の連立政権、保守党政権へと移り変わったが、全国学力テストや学校選択制をはじめとする政策は今に受け継がれている。

なお、イギリスの学校理事会は、日本の「学校運営協議会(コミュニティスクール)」制度のモデルとなった。これは、保護者や地域住民の意見を公立学校の運営に活かすために、二〇〇四年度に導入された制度である。しかし、日本の学校運営協議会にはイギリスの学校理事会ほどに強い権限はない。学校の自律性を高めるという目的は同じであっても、制度の具体的な設計と運用には大きな違いがある。

新自由主義的教育改革の先例②——アメリカ

アメリカの教育政策は伝統的に州に委ねられてきた。例外は人種差別や貧困問題に関わる取り組みである。例えば、一九六五年に制定された初等中等教育法は、貧困層の多い学校に対する連邦政府からの財政的支援を定めていた。また、ジョンソン政権時代(一九六三～六九年)に

「貧困との闘い(War on Poverty)」の一環として始まった「ヘッドスタート(Head Start)」は現在も続く就学前教育・家族支援の総合的なプログラムであり、イギリスの「シュアスタート」にも影響を与えた。

一九八〇年代になると、貿易摩擦の激化を機に、教育水準の低下に対する危機感が高まった。レーガン政権時代(一九八一～八九年)に公表された報告書「危機に立つ国家」(一九八三年)は、学力の低下が国際競争力の低下につながっていることを指摘した。政権は共和党ブッシュ(父)政権(一九八九～九三年)を経て、民主党クリントン政権(一九九三～二〇〇一年)へと移ったが、連邦政府は一貫して教育水準の向上に力を注ぎ続けた。

現在の連邦政府の学力政策の土台になったのが、ブッシュ(子)政権(二〇〇一～〇九年)下の二〇〇二年に成立した「落ちこぼれ防止法」、通称NCLB法(No Child Left Behind Act)である。この法律にもとづき、全米レベルの統一学力テストNAEP(The National Assessment of Educational Progress)と州単位のテストが実施されるようになった。各州のテストの内容と実施方法には連邦政府から一定の基準が課せられている。

「落ちこぼれ防止法」では、学校への「アメ」と「ムチ」が用意されていた。前者は貧困層の児童・生徒が多い学校に対する連邦政府からの財政支援である。後者は州の定める年次目標を達成できなかった学校に対する制裁である。例えば、目標に届かなかった学校では、保護者に子どもを他の公立校に編入させる学校選択権が与えられたり、教職員の入れ換えが行われたりした。改善の見込みがないとされた場合は、民間事業者に学校の経営が委託されたり学校が閉鎖されたりすることもあった(米川・新谷 二〇一二)。

その後、政権は民主党のオバマ(二〇〇九〜一七年政権担当)に移った。オバマ政権のもとで「落ちこぼれ防止法」は「すべての児童・生徒の成功のための法」(Every Student Success Act)に改正されたが、競争を重視する政策の基調は変わらなかった。

英米と日本の改革の違い

以上、イギリスとアメリカの教育改革を概観した。両国の改革は、学力テストによって教育の目標を集権的に管理すること(目標管理主義)、保護者による学校選択と学校経営における自律性の拡大によって競争を促すこと(競争主義)、成果を上げた時の報酬や成果を上げられなかった時の制裁が用意されていること(信賞必罰主義)など、共通する部分が多い。

これらの特徴は日本の政策にもみられるが、日本と英米には異なる点もある。第一に、日本では社会的公正の観点が弱いことである。近年、子どもの貧困対策や外国人の教育権保障は政策課題として重要視されるようになってきたが、不平等の是正や差別の撤廃という教育課題は、西日本のいくつかの地域を除けばさほど重視されてこなかった。

第二に、日本の教育政策は英米よりも集権的なことである。全国の小・中・高等学校の学習内容を定めた学習指導要領は一九四七年にできた。最初は教師の手引きとしてつくられて「試案」の扱いだったが、一九六〇年代には法的な拘束力を持つとされるようになった。英米で教育内容の基準が定められたのはそのずっと後である。英米では分権的だった政策が集権化されたのに対し、日本ではもともと集権的だった政策に分権的な要素が組み込まれたといえる。

2　日本の新自由主義的教育改革――二〇〇〇年代以降の政策転換

分権・選択と集権・統制

日本で新自由主義的な教育改革が動き出したのは、一九八四年に中曽根康弘首相（一九八二〜八七年政権担当）の肝いりで臨教審が設置された頃からである。臨教審の第一部会では「教育の自由化」を唱える委員から「学習塾を学校に」という過激な主張が出た。この主張は文部省や文教族議員の反対にあい、結局、臨教審としては「個性重視の原則」を打ち出すにとどまったが、その時の議論は後年の新自由主義的教育改革の端緒となった。

一九九〇年代以降は、通学区域制度の弾力的運用についての文部省通知(一九九七年)、中学校と高等学校の課程を合わせた「中等教育学校」の法制化(一九九九年施行)、東京都品川区での学校選択制の開始(二〇〇〇年)、株式会社立の学校を設置できるようにする特区制度の導入(二〇〇三年)、小学校と中学校の課程を合わせた「義務教育学校」の法制化など(二〇一六年施行)、学校の設置形態を多様化したり保護者の選択を拡大したりする政策が現れた。

小泉政権(二〇〇一～〇六年)の時代には、義務教育費の国庫負担金も見直された。国庫負担金制度とは、教育の機会均等を保障するために教職員の給与の一部や教科書代などを国が負担する制度のことである。義務教育機関の教職員は国家公務員ではないが、その給与は県と国とが半分ずつ負担することになっていた。自治体の財政状況によって給与に差が生じると、地域によっては優れた人材を確保することが難しくなるおそれがある。そのような事態を避けるために設けられたのが国庫負担金制度である。

当時、中教審は義務教育の構造改革について議論をしていた。地方代表の委員は、国庫負担金制度を廃止して一般財源化し、教育予算を自由に使えるようにすべきだと主張した。文科省を支持する委員は、一般財源化は地方自治体の義務教育費の削減を招くおそれがあると反論した。激しいやりとりの末、国庫負担金の制度は残ったが、国の教職員給与の負担率は二分の一から三分の一に減った。国庫負担率の引き下げは分権化を象徴する出来事だった。

二〇〇〇年代には、分権化と平行して、教育に対する集権的な統制が進んでいった。最も大きな出来事は教育基本法の改正(二〇〇六年)である。改正された基本法では、「公共の精神」や「わが国と郷土を愛する態度」などの国家主義的な「教育の目標」が詳しく定められた(第二条)。また、「教育を受ける者」は「規律」を重んじ「自ら進んで学習に取り組む意欲」を高めなくてはならないとされた(第六条)。

教育基本法の改正は、地方教育行政にも影響を与えた。改正前の基本法では「教育は、不当な支配に服することなく、国民全体に対し直接に責任を負って行われるべきものである」(旧第一〇条)とされていたが、改正後には「教育は、不当な支配に服することなく、この法律及びその他の法律に定めるところにより行われるべきもの」(第一六条)とされた。また、国は「全国的な教育の機会均等と教育水準の維持向上を図るため、教育に関する施策を総合的に策定し、実施しなければならない」とされ(第一六条)、教育振興基本計画が閣議決定されるようになった。さらに、地方自治体は国の基本計画を「参酌」(参考にしてよいところを取り入れること)して自治体の教育振興基本計画を定めることが努力義務とされた(第一七条)。

つまり、教育基本法の改正によって、教育の実施にあたっては、国民への責任を果たすことよりも法律に従うことが優先されるようになったのである。また教育行政は政治から一定の距離を保つことが期待されていたが、改正後は法律にもとづく行政施策は「不当な支配」と見なされにくくなった。教育振興基本計画の策定が努力義務とされて、地方独自の教育政策を進めることも難しくなった。教育基本法改正の影響はただちに教育現場に及んだわけではないが、政治主導の教育改革が推し進められる条件が整ったのである。

以上のように、二〇〇〇年代の教育改革には二つの側面があった。一つは分権・選択の拡大、もう一つは集権・統制の強化である。これらの関係をどのように考えればよいだろうか。

「序」でふれた文科省による「確かな学力の向上のための2002アピール「学びのすすめ」」は、学習指導要領は最低基準だと明言し、教育委員会や学校に学習指導要領の範囲を超える発展的な学習や習熟度別・少人数指導を呼びかけた。これは学校や自治体の裁量を拡大する動きである。その後、教育基本法改正に先立って公表された中教審の答申「新しい時代の義務教育を創造する」(二〇〇五年)は、義務教育の充実を国家戦略と位置づけ、義務教育の構造改革をうたった。構造改革では、義務教育を実施する市区町村や学校の裁量を拡大しつつ、国が教育の目標設定、基盤整備(インプット)、結果(アウトカム)の検証を担うとされた。国は、教育が実施される過程を直接的に統制するのではなく、結果の検証によって間接的に統制するようになった。一見、教育現場の自由度は高まったようにみえるが、実際には学力テストという物差しによる序列化と統制が強まることになった。

こうして、全国学力・学習状況調査による集権的統制のもとで、各自治体・各学校が学力の向上を目指して競い合う体制ができあがった。

学力テストによる目標管理

全国学力テストに対しては、計画段階から多くの反対論や疑問が寄せられた。批判の論点になったのは、学力の実態把握と指導改善という両立しがたい目的を同時に果たそうとしていること、調査の設計が不適切で分析・活用が十分にできないこと、自治体の「学力ランキング」が一人歩きして競争主義を煽りかねないことなどである。

文科省は、調査の実施と結果の公表に際して、学校・地域の序列化や過度の競争を招かないようにすることを教育委員会と学校に求めた。だが、初年度に都道府県別の結果が公表されるやいなや、成績下位に沈んだ自治体では学力不振の原因探しが行われ、矢継ぎ早に学力向上策が打ち出されるようになった（志水・髙田 二〇一二）。

全国学力テストは、民主党政権(二〇〇九～一二年)の時代には廃止が検討され、一時期、全員を調査対象とする悉皆《しっかい》方式から抽出方式の実施に切り替わった。その後、自民党が政権に返り咲くと、国語と算数・数学だけだった実施科目に理科と英語が追加され、基礎のA問題と応用のB問題に分かれていたテスト問題は一本化された。このように紆余曲折はあったが、結局、今もテストは続いている。テストへの反対論や慎重論も聞かれなくなった。新聞やテレビの報道でも、全国学力テストは〝春の風物詩〟のような扱いである。

よく言えば全国学力テストは「定着」したとみることができる。では、このテストは目的を達成したのだろうか。そもそもの目的は妥当だったのだろうか。

次に示すのは、開始初年度(二〇〇七年度)の実施要領に書かれていた調査目的である。

(1)全国的な義務教育の機会均等とその水準の維持向上の観点から、各地域における児童生徒の学力・学習状況を把握・分析することにより、教育及び教育施策の成果と課題を検証し、その改善を図る。

(2)各教育委員会、学校等が全国的な状況との関係において自らの教育及び教育施策の成果と課題を把握し、その改善を図る。

私は、そもそも(1)の目的と(2)の目的を同時に満たそうとしたことに無理があったと考える。まず、(1)について考えてみよう。

あまり知られていないことだが、国立教育政策研究所は、全国学力・学習状況調査が始まる前の二〇〇四年から二〇〇五年にかけて、教育課程実施状況調査を行っていた。調査の目的は一九八九年に告示された学習指導要領にもとづく教育課程の実施状況を明らかにすることである。調査対象は全国から抽出された小学五、六年生と中学一〜三年生と高校三年生である。この調査では、一部の問題について以前の指導要領にもとづいて学んでいた子どもとの比較も行われていた。全国的な政策の成果と課題を明らかにすることが目的なら、悉皆調査を毎年繰り返すのは時間とお金の無駄である。教育課程実施状況調査のように、地域の特性や学校の規模などを考慮して対象者を選んで調査を実施すれば十分である。

(2)の目的にも疑問が残る。学校や市町村での取り組みの成果と課題を明らかにすることが目的なら、調査の内容・対象者・実施方法を教育現場や市町村の裁量に委ねるべきである。実際、愛知県犬山市が全国学力テストの不参加を決めたのは、このテストでは現場の取り組みの成果と課題を明らかにできないと考えたからだった。私たちの研究でも、全国学力テストが実施される前から、相当数の自治体が自前で学力テストを実施していたことが明らかになっている（志水・高田　二〇一二）。

全国学力・学習状況調査は、（1）の目的も（2）の目的も満たせない「虻蜂《あぶはち》取らず」の設計のままスタートし、今に至っているのである。

PDCAサイクルの導入

話を元に戻そう。次に示すのは、直近（二〇二三年）の実施要領に書かれた調査目的である。

義務教育の機会均等とその水準の維持向上の観点から、全国的な児童生徒の学力や学習状況を把握・分析し、教育施策の成果と課題を検証し、その改善を図るとともに、学校における児童生徒への教育指導の充実や学習状況の改善等に役立てる。さらに、そのような取組を通じて、教育に関する継続的な検証改善サイクルを確立する。

初年度と文章表現は異なるが、初年度の二つの目的は今に引き継がれている。「継続的な検証改善サイクル」の確立は、調査が始まった後で追加された目的である。ある目標を達成するために計画を立て、その計画を実行し、実行した結果を検証し、計画のさらなる改善をはかる。このサイクルをＰＤＣＡ(Plan, Do, Check, Action)サイクルという。「継続的な検証改善サイクル」とはこれのことである。

私はこのＰＤＣＡの考え方を教育に適用するのは乱暴だと考えている。理由は二つある。一つ目は、教育の目標は多義的で、目標達成には不確実性がつきものだからである。もう一つは、結果の公開を前提とすることで、検証手段としてのテストの信頼性が崩れてしまうからである。

ＰＤＣＡは経営学に由来する考え方である。このサイクルは、一つの明確な目標を追求する時にはうまく機能する。売り上げを伸ばす、不良品の出現率を減らす、顧客満足度を上げる、といったことである。しかし、教育の目標は多岐にわたる。しかも、教育の過程は生身の人間のやりとりである。テストで計測可能な学力に限定して目標を立てたとしても、いつでも・どこでも・誰にでも効果を上げる教授方法などありはしない。目標の達成にはどうしても不確実性が伴う。

断っておくが、教育の成果と課題を検証する必要がないと主張したいのではない。教育の成果と課題は、子ども、教師、保護者などの当事者の視点と客観的なデータとを結びつけて、丁寧に検証する必要があるといいたいだけである。

テストは何らかの教育の成果を示していると主張する人もいるだろう。公費を投じて実施するのだから結果を公表するべきだという意見もあるだろう。だが、結果の公開を前提とする悉皆調査には大きな問題がある。

それは、好成績を収めるために教育活動を変えようとする「誘惑」が生まれるという問題である。テストの成績を学校や教員の評価に結びつけなくても、あるいは学校選択の判断材料として提供するようなことがなくても、「あの地域(学校)は学力が高い」といった世評が広まることはよくある。そうなると、普段の教育活動の成果と課題を検証するためにテストを使うのではなく、テストでよい成績をおさめるために普段の教育活動を変えようとする人が現れる。極端な場合、普段の授業をやめて過去に出題された問題を解く「事前対策」が行われることもある。実際、そうしたことが複数の学校で行われたことが報告されている(NHKニュース 二〇二二年一〇月二一日、朝日新聞電子版 二〇二三年一一月二五日など)。

ここまで来ると、もはやデータの改竄《かいざん》・捏造《ねつぞう》である。的確な実態把握にもとづく検証はできなくなり、PDCAサイクルは壊れてしまう。

3　大阪の教育改革を検証する意義

地方分権のもとでの教育改革

以降の章で取り上げる改革の具体例は大阪が中心となる。その意味で本書は一地方の事例研究ではある。だが、私は大阪の教育改革を検証することで、他の地域や日本全体の教育改革を問い直し、これからの教育のあり方を展望できるとも考えている。繰り返しになるが、それは次のような理由からである。

一つ目の理由は、大阪では新自由主義的な教育改革が最も大規模かつ組織的に行われてきたからである。大阪とならんで新自由主義的な改革が断行された地域としては、石原慎太郎が知事を務めていた頃(一九九九〜二〇一二年)の東京が挙げられる。学校選択制をいち早くはじめたのは東京都品川区(二〇〇〇年)であり、大半の特別区が今も選択制を維持している。東京では、大阪に先立って公立普通科高校の学区の廃止(二〇〇三年度)や都立高校の再編も行われた。大阪府知事・大阪市長を務めた橋下徹と石原の思想的な立場も似ている。二人とも憲法改正を目指し、石原は橋下らが立ち上げた国政政党「日本維新の会」の共同代表を務めたこともある。

しかし、義務教育から後期中等教育(高校など)までの改革のグランドデザインを描き、それを条例として具体化したのは大阪だけである。東京二三区は市町村と同じような基礎自治体で、区長と区議会議員は選挙で選ばれる。一方、大阪市の二四区は政令指定都市内部の行政区であり、市長の意向は各区に直接伝わりやすい仕組みになっている。政令指定都市である大阪市が設置した高校と特別支援学校を大阪府に移管して一元的に管理できるようにしたことも、他の県にはない政策である。

二つ目の理由は、新自由主義的な改革に対抗しうる教育のあり方を教育の現場から考えたいからである。大阪は子どもの貧困率が非常に高い。少し古い数字だが、二〇一六年度に大阪府立大学が実施した調査によると、国際的な基準で「貧困」と見なされる所得水準以下で暮らす子どもは約二割に達した。また、大阪は、歴史的に、同和教育、在日外国人教育、障害児教育をはじめとする人権教育が盛んに組まれてきた地域でもある。

大阪の教育関係者は、格差や差別をなくしてすべての子どもに教育を受ける権利を保障しようと努力してきた。その伝統は新自由主義的な改革の中にあっても、消えてはいないし消す必要もない。その伝統には「多文化共生」や「社会的包摂」を目指す教育へとつながる普遍性があると私は考えている。

新自由主義にどう対抗するか

教育社会学者の広田照幸は、教育学者たちが「「よりよい教育」を積み上げていきさえすれば、自動的に「よりよい未来」が実現できるかのような」幻想に囚われた結果、「未来からの演繹によるマクロな教育のデザインが、新自由主義(neo-liberalism)の社会像によって独占される事態を招いてしまっている」(広田 二〇〇四、一〇頁)と指摘している。未来の可能性は複数あるはずなのに、政府だけが正しい「答え」を独占しているのだ。

かつて、第二次安倍内閣は「この道しかない」と断言してアベノミクスの経済政策を推し進めた。この経済政策は菅内閣(二〇二〇〜二一年)に引き継がれた。当初の説明では、景気が回復して大企業や富裕層が潤えば、中小企業や貧困・生活困窮層に「成長の果実」が分け与えられるということだった。実際には、企業の収益は多少改善されたが、実質賃金は下がり、富の再分配も進まなかった。本来は政府が再分配策を考えるべきなのに、いまや政府が経営者に賃上げを迫る始末である。岸田内閣(二〇二一年〜)のもと、大企業では大幅な賃上げが実現しつつあるが、中小企業には賃上げの余裕がないところが多い。私たちは道を誤った。「この道」は行き止まりだったのだ。

経済政策と同じようなことは、教育政策でもいえるのではないか。新自由主義的な改革のもとでは、社会経済的に不利な立場に置かれている子どもたちの状況はいっそう厳しくなり、格差・不平等が固定化する。社会的・文化的バックグラウンドが異なる人々同士の交流は乏しくなり、社会的な分断や差別が助長される(ウィッティー 二〇〇四、ラビッチ 二〇一三、クルツ 二〇二〇)。私が心配しているのは、海外で報告されてきたことと同じようなことが、日本でも起きはじめていることだ。今こそ新自由主義とは異なる「別の道」を探す時ではないだろうか。

大阪で展開されてきた新自由主義的な教育改革は、はたして何を教育現場にもたらしたのか。それを具体的に検証することで、新自由主義が目指すものとは異なる教育の将来像を探ってみたい。

第2章　大阪の教育改革を振り返る

――政治主導による政策の転換

この章では、二〇〇八年二月に橋下徹・大阪府政が始まってから現在までの大阪の教育改革を通観する。

大阪維新の会が主導する教育改革が始まって十数年が経過した。この間、多くの人が反対していた施策が定着したり、新しく始まった施策が思いもかけない問題を引き起こしたりしている。教師も保護者も世代交代が進み、改革が始まる前の大阪の教育を知る人は減ってきている。改革の現状を理解するためには、この間の経緯を押さえておくことが必要である。

以下では、改革開始の「セレモニー」として開催された「大阪の教育を考える府民討論会」の様子を紹介した後、教育改革の背景にある二つの考え方——「教師責任論」と「競争礼賛」——の問題点を論じる。ついで、これらの考え方と対比させる形で、大阪の人権・同和教育の歩みを振り返る。最後に、これまでの改革の流れを「世論喚起」「基盤固め」「全面的展開」の三期に分けて、各期の特徴と主な出来事とを整理する。

この章が織物の縦糸だとすれば、改革の具体的課題(学力政策、小・中学校の学校選択制、高校入試制度と高校再編)を検証する第3章、第4章、第5章は織物の横糸ということになる。

1　教育改革の幕開け──府民討論会の開催

「教育非常事態」宣言

二〇〇八年一一月二四日、私は「大阪の教育を考える府民討論会　教育日本一をめざして」に、一府民として参加した。

この年の二月に就任した橋下徹知事は、大阪の教育が危機的状況にあるとして、九月に「教育非常事態」を宣言した。知事が最も問題視したのは、二〇〇六年と二〇〇七年の全国学力・学習状況調査の成績が全国平均を大きく下まわる結果となったことである。知事から「主犯」だと名指しされたのは「ダメ教員」だった。教育委員会も教職員組合も「ダメ教員」をかばい立てしていると非難された。

全国学力テストの成績不振は事実だった。だが、当時の私に驚きはなかった。大阪の子どもたちの生活状況は大変に厳しく、このことは必ず学力に影響すると考えていたからである。当時、大阪府で就学援助(義務教育段階の教育費負担を軽減する制度。生活保護および生活保護に準ずる所得水準の世帯に対して、給食費、修学旅行費、学用品費、部活動費などが給付される)を受ける児童・生徒の率は四七都道府県の中で一番高く、二八パーセント（二〇〇七年度）に達していた。これは全国平均の約二倍である。

子どもたちの生活状況が厳しいからといって、学校や教育委員会は手をこまねいていたわけではない。次の章で詳しく述べるが、私も参加した研究者グループは、討論会の前年に大阪府教育委員会に委託されて学力保障に成果を上げている学校を調査した。調査結果をもとに大阪府教育委員会は「学校改善のためのガイドライン」をまとめ、二〇〇八年二月に公表した（七三頁参照）。しかし、成績低迷の責任が教師にあると考える人たちは、きっとガイドラインの内容を「手ぬるい」とみたのだろう。

あの頃、私には、知事が教育について定見を持っているようには思えなかった。選挙期間中、彼は教育について多くを語らなかったからである。ただ、当選後に知事があちこちの学校を視察したことは報道されていた。だから、この時、知事が教育の現状をどうみているのか、率直に知りたいと思った。そこで討論会への参加を申し込んだのである。

なお、大阪府のホームページには二〇一二年一二月頃まで討論会の記録が掲載されていたが、今は削除されている。以下の内容は、討論会の配付資料、削除前の討論会の記録、私がとったメモにもとづくものである。

悪い予感

討論会の当日、会場近くで目についたのは、橋下府政批判のビラを配る教職員組合員らしき人たち、教職員組合を「偏向教育」の元凶だと非難する人たち、警備にあたる警官の姿である。会場に入ると、主宰者がロビーの片隅に報道関係者を集め、ある意見発表者の顔をテレビで映さないようにと念押しをしていた。その発表者が知事の考えに賛成なのか反対なのかはわからなかったが、発表者に対する非難が広まるのを心配したのだろうと思った。受付では、写真撮影・録画・録音を禁じると言われた。持ち物検査をするのでカバンをあけて見せろとも言われた。何とも物々しく、自由闊達な討論が行われる雰囲気にはほど遠かった。

討論の柱は三つあった。「学校力を高める」「学校・家庭・地域をつなぐ」「子どもたちの志や夢を育む」である。討論は、最初に教育委員の小河勝《おごうまさる》と陰山英男が持論を述べ、次に府民代表が意見発表をして、教育長、知事、教育委員がコメントを述べるという形で進んだ。陰山・小河の両名は「百ます計算」などの反復学習の徹底で学力向上に多大な成果を上げたと評判になり、知事の肝いりで教育委員に任命された「時の人」である。府民から選ばれた意見発表者は、知事の考えに共鳴する人、批判的な人、中立的な人がバランスよく選ばれていた。教育委員会が配慮をきかせたのだろうと思った。

討論会の終盤、知事は母校の大阪市立中学の実名を挙げ、当時の教師を激しく非難した。彼の母校は人権・同和教育に熱心に取り組んできたことでよく知られている学校である。彼は言った。社会ではすべてが競争なのに、教師は現実を無視して競争を否定した。それは無責任だと。公務員は努力しなくても出世できるし倒産や解雇を心配する必要もない。そういう一部の人たちが競争を否定し、競争の荒波に子どもが放り込まれても知らん顔をしていると。

知事の発言の途中のことである。堪忍袋の緒が切れたか、私の後方で教員らしき人がヤジを飛ばした。「現場の大変さをわかっているのか?」といった内容だった。「挑発にのせられたな」と私は苦々しく思った。案の定、そのすぐあと、ヤジを圧するかのように知事に賛同する拍手が鳴って、ヤジはやんでしまった。

私の気持ちはどんどん沈んでいった。それは知事の発言内容のためではない。彼のように競争を無批判に賞賛する考えは、苦労して「功成り名を遂げた」人には珍しくない。私が落ち込んだのは、敵と味方を分け隔て、自分とは異なる意見を封じて満足する人が多かったからである。私は、大阪の教員はこれから自由に物が言えなくなってしまうのではないかと危機感を覚えた。知事個人が同和教育に悪感情を抱いていることも気がかりだった。大阪の人権・同和教育はこれから逆風にさらされると思った。
残念なことに、この予感は的中することになる。

2　改革を支える思想とは

「教師責任論」の何が問題か

さて、今から考えてみると、知事の現状認識には二つのポイントがあった。一つ目は教育の失敗の原因は教師にあるとする「教師責任論」である。もう一つは競争によって教育はよくなるなるはずだという「競争礼賛」である。

これらの考えを私がどうみているのか、順に説明したい。

私が学んできた教育社会学では、学力形成の要因について何十年も研究が行われてきた。長年の研究で明らかになったのは、学校の取り組みよりも子どもの家庭背景の方が学力形成に及ぼす影響が強いということだ。大阪は、全国的にみても経済的に苦しい状況にあったり家庭の生活基盤が不安定だったりする子どもが多い。学力不振の背景には貧困や経済的格差が横たわっている。学力不振の主要な要因は、実は学校にはない。つまり、学校の努力だけで学力不振を解消するのは無理なのだ。

教師責任論は非生産的でもある。「お前らは結果を出せていない」。そう一方的に非難されれば教師はやる気を失うだろう。保護者も学校や教師への不信感を募らせるだろう。公立学校を見限る人も出てくるはずだ。実際、府民討論会では、ある意見発表者が「大阪の教育は終わっているな」と子どもと話し合ったと述べていた。その人は、子どもに私立中学を受験させるつもりだと述べていた。

新自由主義的な改革が日本に先立って行われたイギリスの教育社会学者ジェフ・ウィッティーは、学力問題に対する教師の取り組みは経済的格差の是正やコミュニティの再生と結びついた時に実を結ぶと主張し、教師非難の危うさを指摘している。

> 非現実的な目標を設定することと「名指し、恥をかかせる」(name & shame) 戦略を採用することは、不利な生徒たちの学力を上げるための苦闘の中心にいる教師たちの間に、冷笑と士気の低下を生むだけである。こうした学校で働くことを選んだ教師たち――不利なものたちの立場に立っているからだが――は、認められ支持されることを必要としている。
>
> (ウィッティー 二〇〇四、一七九頁)

私は教師の取り組みに意味がないと言いたいのではない。「何ごとも教師次第」という考え方は空理空論だと言いたいだけである。学校は万能ではない。達成できない目標を掲げて精神主義をふりかざすのは非建設的である。学校には何ができて何ができないのか。そのことを現実的に考えてこそ、教育行政は学校をどのように支えるべきか、教師はどのような人たちと協力していくべきか、といった学校を支える具体的な課題を明らかにできるはずである。

「競争礼賛」の何が問題か

競争を否定する教育関係者が教育をダメにした。これからは教育界の外から競争原理を持ち込んで教育を立て直す。「教師責任論」と「競争礼賛」はこのように結びついている。

だが、教師が競争に前のめりにならないことには、それなりの理由がある。それは情緒的に競争を嫌っているからではない。競争的な環境が教育効果を削ぐことになるからである。

先にも述べたように、一連の教育改革が始まろうとしていた頃、私は学力格差を縮小させる学校に関する共同研究に参加していた。研究では、子どもに学力テストやアンケートを実施するとともに、普段の学校生活の様子を観察したり教師にインタビューをしたりして、量と質の両面から学力形成の要因を調べた。そこで明らかになったことの一つに、厳しい状況の中で暮らす「しんどい子」の学力を下支えしているのは、互いのよさを認め合えるような友人との関係や教師との信頼関係だということがある(志水 二〇〇九)。

私がある学校で教わった言葉に「わからないと言える集団づくり」と「よさの見えにくい子ども」というものがある。前者は、勉強が「わからない」子を下に見たりしない子どもたちの関係が、一人ひとりの学力を下支えすることを語っている。後者は、問題行動に走る「荒れた子」にも人間としての価値(よさ)があり、教師はその「よさ」を見抜き、子どもたちが自他の「よさ」に気づけるようにすべきだという信念を言い表している。どちらも、大阪の人権・同和教育が大切にしてきた「しんどい子を中心とした集団づくり」の勘所を押さえた言葉である。

一人ひとりの学力を伸ばそうとして競争に頼るのは考えものである。競争的な環境は、できる・できないという差異でもって、子どもたちのつながりを断つおそれがある。学力形成にはむしろマイナスである。

学習指導の方法が、子どもの社会観に影響していることを示唆する研究もある(知念 二〇一六)。この研究によると「競い合い」には「人が貧乏なのはその人の責任だ」という考え方を助長し、「教え合い」には「世の中の悪いことは、自分たちの力でなくしていける」という考えを受容させる可能性があるという。

教師も子どもも意識してはいないが、競争ばかりを重視する環境は自己責任論を容認する態度を植えつけたり、社会変革への意欲を萎えさせたりする恐れがある。「子は親の背中を見て育つ」という。親の無意識の振る舞いや態度は子どもの意識に影響を与える。それと同じように学校での学習指導の方法は、知らず知らずのうちに子どもの社会観や人間観に影響する。競争を抑えて協力を促すような学習環境は、公正な世の中について考え行動する市民を育てているのかもしれないのだ。

競争社会という現実

とはいえ、教育は競争と無縁ではない。教育は教室の中で完結しないからである。社会の中に組み込まれた制度としての学校教育には「社会化」と「選抜・配分」という機能がある。「社会化」とは、社会の成員に求められる知識、ものの見方や考え方、行動様式などを身につけさせる過程のことである。「選抜・配分」とは、学校が人材を選り分け、社会の中の特定の職業や地位に配分していくことである。

個人の側から「選抜・配分」をとらえれば、学校とは知識、学歴、資格・免許などを獲得して生まれついた階層から別の階層へ移動するためのハシゴのようなものである。安定して高収入が得られる仕事や威信の高い仕事は限られている。そのような仕事に就くためには、知識、学歴、資格・免許などが求められる。だから、学校が「選抜・配分」機能をもつかぎり、上級の学校への進学と高い学歴を目指す競争はなくならない。

しかし、競争社会の現実を無批判に受け入れるわけにはいかない。競争のルールは不公平にできているからである。

身分・家柄や性などの「生まれ」ではなく、個人の能力と努力によって職業、収入、社会的な地位が決まる社会体制のことを「メリトクラシー」という。平たく言うと「実力主義」の世の中である。この時、学歴や資格・免許は実力(学力)の「証明書」として扱われる。「証明書」には少々疑わしいところもあるが、「選抜・配分」の仕組みに組み込まれていることは間違いない。

しかし、実際には、学力や学歴は生まれ育った家庭の環境に大きく左右されている。イギリスの教育社会学者フィリップ・ブラウンは、親の資力や教育への期待が子どもの学力や学歴を左右する社会体制を「ペアレントクラシー」と名づけている(ブラウン 二〇〇五)。社会の実態をみれば、「メリトクラシー」は支配的であるとは言えない。ブラウンに言わせれば「ペアレントクラシー」こそが社会の現実なのである。

この現実に競争の当事者が気づくことは難しい。子どもや若者の貧困問題に取り組む社会活動家の湯浅誠は、「東大合格発表の日」の心境を次のように語っている。

自分の努力の結果だと思っていた私は、聞かれればこんなふうに答えていたのではないかと思います。

いやあ、私は別に特別な人間ではありませんよ。私なりの努力をしただけです。私だって入れたんだから、他の人だってできますよ。あとは、やるかやらないかの問題でしょうね――と。

条件(家庭環境)の異なる人がいることを知りつつ、その違いを消し去るために、あえてそう思っていたわけではない。悪気があるわけではない。単に「見えていない」「知らない」だけです。たいていの子どもは、自分の置かれた家庭環境が、そこに特別なところがあったとしても、「ふつう」だと「こんなもん」だと思うでしょう。他の家庭を詳しく知らないからです。

(湯浅 二〇一五、九八頁)

競争は恵まれた環境のもとに生まれた人たちが有利になるようなルールで行われている場合が多い。しかし、ルールの公平さを人々は疑わない。競争に勝った人は自分自身が努力したおかげだと思い込み、負けた人は自分の努力が足りなかったせいだと思い込む。このようにして、家庭環境を背景とする学力や学歴の不平等は再生産されていくのである。「不平等の再生産と正当化」は、第三の、教育の隠れた機能である。

最近は、ルールの不公平さに気づく人も増えている。少し前、「親ガチャ」という言葉が流行した。「ガチャ」(カプセルに入った玩具の自販機。転じて、ネット空間のゲームで使うアイテムなどを引き当てるしくみのこと)で何が出てくるかは運次第である。子どもは親を選べない。子どもがどのような親のもとに生まれるかも運次第である。「親ガチャ」という言葉には、運によって、つまり親の社会経済的状況によって子どもの将来が決まってしまうことへの諦念が表れているのではないだろうか。

競争のルールは公平ではない。手放しの競争礼賛は正義にもとる。そのような認識を持つことは必要である。だが、それだけでは「ペアレントクラシー」の社会を変えることはできない。現実を変えるために必要なことは、社会を変える展望である。

3　改革以前の大阪の教育――人権・同和教育の歴史に学ぶ

私は、人権・同和教育は現実離れした教師責任論や手放しの競争礼賛を批判する視点と社会を変える展望を与えてくれると考えている。だが、人権・同和教育には地域によってかなりの「温度差」がある。そこで、私がなぜそのように考えているのかをわかっていただくために、大阪を中心に人権・同和教育の歴史を振り返っておきたい。

「教師責任論」を越えて――教育実践と権利擁護の活動

戦後の同和教育は、貧困の中で暮らす子どもの長期欠席対策から始まった。一九五〇年代までの同和地区(被差別部落)には、差別のせいで親が安定した職を得られず、家計を支えるために働く子どもが多かった。学力や学歴を身につけても就職差別にあうのだから学校で学ぶ意味はないと考える人もあった。大方の教師たちは、そのような事情と心情を理解しようとせず、学校を休む子どもとその親を教育に「無関心」だと非難しがちだった。

一九六〇年頃には「教育を受ける権利」の保障という理念のもと、差別的・排除的な学校の姿勢を正し、義務教育の無償化を求める運動が高知や大阪などで起きた。義務教育の教科書が無償になったのは一九六三(昭和三八)年度だが、この措置には同和地区から広がった運動が大きく影響したといわれる。

教育を受ける権利の保障を目指す運動は、同和対策審議会答申(一九六五年)と同和対策事業特別措置法(一九六九年)をきっかけにさらに広がった。この頃、大阪では、同和地区を校区に有する学校を避けて遠くの学校に通う「越境就学」が大きな問題になった。越境の背景には差別意識だけでなく学校の教育条件の劣悪さもあったことから、保護者や保護者と連帯する教師は、学校設備の改善や特別の教員加配(各校の教員定数は義務教育標準法にもとづいている。その定数に上乗せして教員を配置することを「加配」という)を行政に求めた。当初、教職員の加配は西日本のいくつかの府県にとどまっていたが、一九七〇年代には全国的に行われるようになった。

二〇〇一年度に国の同和対策事業は終結した。同和地区を校区に有する学校への加配は不登校対応の加配などと統合されて、児童生徒支援加配に再編された。この加配は「学習進度が著しく遅い児童又は生徒が在籍する学校及びいじめ、不登校、暴力行為、授業妨害など児童又は生徒の問題行動等が顕著に見られる学校等、特にきめ細かな指導が必要とされる学校」(二〇〇二年四月一日文部科学省財務課長通知)に措置されるものである。現在、この加配は、外国から来たばかりの児童生徒のための特別な日本語指導、社会福祉の専門職・専門機関との連携、不登校の子どもの支援などに幅広く活用されている。

話を元に戻そう。一九七〇年代以降、同和教育の中心課題は部落問題学習を通じた人権意識の形成と子どもたちの学力保障および進路保障に移行した。学力保障に関わっては、独自に学習教材を開発したり学習指導の方法を工夫したりするなど、教育課程の「自主編成」が取り組まれた。進路保障に関わっては、身元調査に反対し公正な採用選考を求める運動や、進学希望者の増加に応じて高校増設を求める運動が取り組まれた。

その頃から学力保障に力を入れてきた小・中学校の中には、家庭背景による学力格差を小さく抑える「効果のある学校」として注目されている学校もある。また、当時新設された高校の中には、日本語指導が必要な生徒のために特別の入試を実施したり、知的障害のある生徒の教育コースを設けたり、不登校などで学習が十分にできなかった生徒の「学び直し」に力を入れるなど、ユニークな学校づくりをしているところがある。

大阪の人権・同和教育は、保護者や地域住民と連携し、行政に要求を突きつけたり行政内部に理解者を増やしたりしながら、教育運動として取り組まれてきた。教育を受ける権利を本当に保障するためには、教育の内容と方法の改善だけでなく、教育条件の整備や制度の改革も必要だからである。

社会福祉論や社会運動論では、社会的弱者やマイノリティの権利擁護のために世論に訴えかけたり政策を提言したりすることをアドボカシー(advocacy)という。今風にいえば、大阪の人権・同和教育の運動は、教育実践とアドボカシーの活動とを結びつけたのだ。その遺産は今に受け継がれている。


「競争礼賛」ではなく――公正な教育、共生の社会

同和教育は様々な人権課題の解決を目指す教育に直接・間接の影響を与えてきた。その歩みは同和教育という「ルーツ」から在日外国人教育や障害児教育への「展開」としてとらえることができる(志水 二〇二二)。展開の過程で、不利な環境のもとに置かれたり、特別なニーズを持ったりしている子どもを「特別扱い」して実質的平等を目指す「公正」の理念が大阪の教育界に根づいていった。

「特別扱い」と「ひいき」とはまったくの別物である。教育を受ける権利はすべての人が等しく持っている。しかし、現実には、差別や貧困によって権利が侵害されている。それを放置していては、権利は「絵に描いた餅」にすぎない。だから、特別の手立てで権利侵害の原因を取り除き、権利を実質的に保障すべきだというのが「公正」の考え方である。

例えば、障害者基本法は差別の禁止だけでなく「合理的配慮」も求めている。「合理的配慮」とは障害の有無に影響されることなく、すべての人々が平等に社会生活を送れるようにするために様々な障壁（バリア）を取り除くことを意味する。公共施設にスロープやエレベーターを設置することは、誰もが等しく「移動の自由」という権利を享受するために必要な「合理的配慮」である。先述した同和地区を校区に有する学校への教職員加配も、教育条件を充実させるための「公正」の理念にのっとった施策の先例である。

さて、同和教育からの「展開」とはどのようなものだったのか。具体的にみていこう。

一九七〇年代のはじめ、在日朝鮮人の子どもたちが朝鮮の文化や言葉を学ぶ「民族教室」が大阪府内のあちこちの小・中学校に開設された。子どもたちが自分たちにつながる文化や言葉を学ぶ権利を保障しようという考えからである。通名（日本名）ではなく本名（民族名）を呼び・名のる取り組みや、学校全体で朝鮮人への差別と人権について学ぶ取り組みも始まった。一九九〇年代になると、在日外国人の多様化・増加の事態を受けて、在日朝鮮人教育は在日外国人教育へと裾野を広げた。この頃に教育現場で広がっていったのが「ちがい（違い）を豊かさに」という言葉である。

この言葉は、「ちがい」を理由とする差別・排除をなくし、「ちがい」が尊重される学校と社会をつくるという理念を表している。ニューカマー(一九八〇年頃から増えてきた外国人の総称。在日朝鮮人をはじめとする「オールドカマー」と対にして使われる)の教育でも、大阪には、日本語や日本文化の学習とともに母語・継承語や自分につらなる文化の学習を大事にする風土がある。それは、マイノリティに適応や同化を迫るのではなく、多様性に敬意が払われる学校と社会をつくろうという考え方があるからである。

インクルーシブな学校づくり

大阪の教育現場には「原学級保障」という考え方がある。障害の有無に関係なく、すべての子どもたちが地元の学校に通い、通常学級(元来所属すべき学級という意味でこれを「原学級」と呼んだ)で学ぶ権利を保障するという考え方である。

一九七〇年代、重い障害のために就学を猶予・免除されたり、教育委員会から養護学校への就学を指導されたりした子どもとその親が、地元の公立校への就学を求める運動を起こした。原学級保障の教育実践は、この当事者運動と連帯した教師から生まれた。それは障害者が健常者中心の学校や社会に適応するための教育ではない。障害の有無で分け隔てられることのない学校や社会をつくる教育である。障害児教育は、近年は「インクルーシブ教育」と呼ばれることが多い。「インクルーシブ」とは「包摂的」という意味だが、大阪ではこの言葉が広まるずっと前から、インクルーシブな学校づくりが実践されてきた。

今でも大阪では、特別支援学級(障害があるため特別な支援が必要だとされる子どもが在籍する学級のこと。かつては「特殊学級」や「養護学級」と呼ばれていた)在籍者も普段は通常学級で過ごすのが一般的である。ただ、このやり方は文科省の方針には合わなかったようで、二〇二二年四月、文科省は「一部の自治体」で特別支援学級が不適切に運用されていると指摘し、特別支援学級在籍者は週の授業の半分以上を特別支援学級で受けるようにとの通知を出した。一方、その年の八月、国連の障害者権利委員会は、日本の特別支援教育政策は障害による隔離を進めているとして、政府に政策の見直しを勧告した。障害の有無に関係なく「共に生き、共に育つ」ことを目指すのは国際的趨勢である。大阪はそれを先取りしていたのである。

人権・同和教育は「皆を同じに扱う」という形式的平等論を超えて、公正の観点から、教育の内容と方法、それらを支える制度を変えてきた。さらにその先に、多様なバックグラウンドを持つ人たちがつながる共生の社会を展望してきた。それは「既存の学校文化の枠組みを超えて、その変容を導くような「破壊力」をもつ」(志水 二〇二二、二二七頁)ものであり、マイノリティの子どもだけではなく、すべての子どもに大きな意味をもつものだった。

天気と教育は西から変わる

大阪では校区に同和地区がある学校のことを慣習的に「同和教育推進校（同推校）」と呼んできた。「公正」な教育や「共生」の社会という理念は同推校から生まれたが、校区・市町村・府それぞれの段階の人権・同和教育の研究組織や自治体の教育施策を通して、同推校以外の学校（一般校）にもかなりの影響を及ぼしてきた。人権上の課題や生活上の課題に直面する子どもを大切にする「ぬくもりのある教育」（大阪府教育委員会事務局スタッフ 二〇〇五）が大阪の教育の特色である。

一九九〇年代の後半以降は、実践者と研究者が協力して、同推校の財産を普遍化しようとする試みが行われてきた。例えば、生活科や「総合的な学習の時間」を活用した人権学習（人権総合学習）、あらゆる子どもに基礎学力を保障する学校づくり（「効果のある」学校・「力のある」学校）、地域と学校の協働を通じたまちづくり（教育コミュニティづくり）などである（中野・中尾他 二〇〇〇、神村・森 二〇一九）。私もこれらの動きに関わり、教育現場から多くのことを教わった。

「天気と教育は西から変わる」。その頃、あるベテラン教師からこんな言葉を教わった。東(中央)からみれば大阪は一地方にすぎない。だが、西(大阪)には日本の教育を変える潜在力がある。言い得て妙だと思った。私は大阪の教育はおもしろくなるぞと思った。

ところが、そこにやって来たのが、新自由主義的な教育改革の大波である。

4　教育政策の大転換

三期にわたる大阪の教育改革

表2-1は、大阪の教育改革をめぐる主な出来事をまとめたものである。ここでは改革を三つの時期に分けてある。橋下府政が始まった二〇〇八年からが第一期、二〇一一年の府知事・市長ダブル選挙で府知事に松井一郎、市長に橋下徹が当選してからが第二期、二度目のダブル選挙でふたりが再選された二〇一四年からが第三期である。選挙で時期を区分するのは、府知事・市長や大阪維新の会が、選挙の前に新たな政策を打ち出し、選挙に勝って政策が支持されたと主張し、改革を推し進めてきたからである。

第三期	改革の全面展開
2014年 3月	2度目のダブル選挙．府知事に松井一郎，市長に橋下徹が当選
4月	大阪市で小・中学校の学校選択制が始まる．この年の入学者から府立・市立高校普通科の学区は廃止
2015年 1月	「中学生チャレンジテスト」開始(試行)．対象は中1と中2．翌年から中3も含めて本格的に実施
4月	この年，全国学力・学習状況調査の結果を高校入試の調査書作成に利用
5月	「大阪都」構想住民投票
11月	3度目のダブル選挙．府知事に松井一郎，市長に吉村洋文が当選
2018年 11月	大阪府立・市立高校の再編整備計画(2019〜23年度)
2020年 4月	大阪市立小学校の適正規模の確保に関する規則
10月	2度目の「大阪都」構想住民投票
2021年 4月	小学5，6年生の学力テスト「小学生すくすくウォッチ」開始
2023年 3月	大阪府立高校の再編整備計画(2023〜28年度)

表2－1　大阪の教育改革

第一期		**改革の世論喚起**
2008年	2月	橋下徹が府知事に就任
	春	「大阪府学力テスト」実施．対象は小4〜中3(2010年度まで)
	9月	「教育非常事態」宣言
	10月	大阪の教育を考える府民討論会(11月にも実施)
		2010年度までの学力向上緊急対策を開始
		情報開示請求に応じて府内23市町村の全国学力・学習状況調査の市町村別結果を公表
2009年	1月	「「大阪の教育力」向上プラン」
2011年	6月	国旗国歌条例(大阪府)
		「大阪府学力・学習状況調査」実施(2012年度まで)．大阪市など10市町は不参加
	8月	大阪維新の会が「教育基本条例」案と「職員基本条例」案を公表．9月に府議会に提出
第二期		**改革の基盤固め**
2011年	11月	大阪府知事・市長ダブル選挙．府知事に松井一郎，市長に橋下徹が当選
2012年	2月	国旗国歌条例(大阪市)
	3月	教育行政基本条例・府立学校条例・職員基本条例(大阪府)
	5月	教育行政基本条例(大阪市)
	7月	市立学校活性化条例(大阪市)
	9月	西成区で貧困・生活困窮世帯向けの塾代助成事業の開始．翌年度から全市で実施
2013年	3月	大阪府教育振興基本計画(2013〜22年度)
	10月	大阪市学校管理規則で全国学力・学習状況調査の学校別結果の公表が義務化される
	11月	大阪府立・市立高校の再編整備計画(2014〜18年度)

「教育非常事態」宣言と学力向上緊急対策

第一期は、橋下知事が改革を支持する世論の喚起に力を入れた時期である。この時期を象徴する出来事が「教育非常事態」宣言と「府民討論会」である。学力向上の緊急対策（二〇〇八年一〇月）や独自の学力調査（二〇〇八～一〇年の「大阪府学力テスト」や二〇一一年と一二年の「大阪府学力・学習状況調査」）などの施策もあったが、それらは恒久的なものではない。この時期には、全国学力テストの結果公表に慎重な教育委員会を「クソ教育委員会」と罵倒したり、府民の情報開示請求に応じて全国学力テストの市町村別結果を公表したりするなど、メディアを意識したパフォーマンスが目立った。

「教育非常事態」宣言は「①学力向上方策を徹底する」「②学校や教育委員会だけに任せない、地域や家庭も責任を持つ」「③ダメ教員は排除する、教員のがんばりをもっと引き出す」「④「何でも自由」を改める」の四本柱からなっていた。私は「ダメ教員」や「何でも自由」など、公人らしくない感覚的な言葉づかいに驚いたが、そこに示された本音はその後の改革を方向づけることになる。

宣言の翌月に大阪府と大阪府教育委員会の連名で公表された「「大阪の教育力」向上にむけた緊急対策」（二〇〇八年一〇月）では、宣言の四本柱に沿って緊急対策が打ち出された。あらま

し は次の通りである。

①の学力向上方策は、基礎・基本を習得させるための反復学習の徹底など、府民討論会に登場した陰山・小河両名の考えが強く反映した内容だった。また、学力不振が特に深刻な学校五〇校を対象とするテコ入れ策も打ち出された。

②の地域や家庭の取り組みでは、子どもの生活習慣と学習習慣の確立が強調された。家庭教育の自由や社会教育・生涯学習の自発性は脇に置いて、子どもの学力向上のために大人に「責任」を説くという構図である。

③の教員政策では、指導力に欠ける教員や若手教員の研修、教員評価・処分の厳格化、民間出身校長の登用などが盛り込まれた。これらの施策の一部は、後に「教育基本条例」案と「職員基本条例」案に盛り込まれることになる。

④の生徒指導では、規律・規範の徹底が強調された。「何でも自由」が具体的に何を指していたかはわからないが、二〇〇六年に改正された教育基本法が「教育を受ける者」に「規律」や「意欲」を求めたことを彷彿とさせる。

る。

「条例」をめぐる大阪維新の会と教育委員会の対決

第二期は、大阪維新の会が主導して教育関連条例を定め、教育改革の基盤を固めた時期であ

この時期の最も大きな出来事は、「教育基本条例」案と「職員基本条例」案をめぐる知事・大阪維新の会と教育委員会の対決である。大阪維新の会は、これらの案(以下、維新案)を大阪府知事・大阪市長ダブル選挙の前の二〇一一年八月に公表し、九月に議員提案として府議会に提出した。

教育行政学が専門の市川昭午は、維新案の作成から議会提出までの動きを「尋常ではない」とし、「わが国において本格的なファシズムが胎動しはじめたことを示すもの」(市川 二〇一一、七頁)と述べている。専門家がそこまで言うのは、地方教育行政の根幹にある教育委員会制度を破壊しかねない動きだったからである。

教育委員会とは、経歴、年齢、性別などにできるだけ偏りがないようにして選ばれた教育委員が、都道府県・市町村の教育行政の基本方針や重要事項について話し合い、意思決定をし、執行する機関である。普通、教育委員は五人で、その中には保護者を含まなくてはならない。政治的な中立性を確保し、長期的・安定的に教育行政を進めるために、教育委員会は首長部局か

ら独立した行政委員会として組織されている(同じように政治的中立性が求められる委員会には、選挙を司る選挙管理委員会や警察行政を司る公安委員会がある)。学校に対する指導・助言、社会教育関連事業、文化財の調査・保全などの実務を担うのは教育長を筆頭とする教育委員会事務局スタッフである。狭い意味での教育委員会は教育委員の合議体を指す。それに事務局を合わせたのが広い意味での教育委員会である。

教育委員会制度はアメリカの制度をモデルにして戦後につくられた。はじめのうち、教育委員は議員と同じように選挙で選ばれていた(公選制)。だが、選挙が激しい政治的対立の場になったことから、公選制はすぐに廃止されて首長が教育委員を任命するようになった(任命制)。ただし、任命制のもとでも、首長は自分の意のままに教育委員を任命できるわけではない。委員の任命には議会の承認が必要である。多様なバックグラウンドを持った複数の委員が話し合うのも、多様な民意を教育行政に反映させるためである。

教育社会学者の志水宏吉によると、大阪府の教育委員は、先の二つの条例案を知事からのメールで突然に知らされたという。寝耳に水だったわけだ。これ一つをとっても、政治的中立性の確保と多様な民意の反映という教育委員会制度の趣旨がないがしろにされたことがわかる。

以下、主に志水の著書『検証　大阪の教育改革』(志水 二〇一二)を参考にして、条例制定までの動きを整理しよう。

政治主導の改革への地ならし

大阪維新の会の条例案は、その内容も「尋常」ではなかった。「教育基本条例」案では、教員の人事と処分に関する条文が全体の半分以上を占めていた。維新案は事実上の「ダメ教員排除条例」だったのである。教員には相対評価の人事評価を導入し、最低評価が二年続けば免職の理由にできるとされていた。また、府立学校に関しては、校長公募制の全面的導入、高校の学区の全廃、定員割れが三年続いた高校を統廃合することなどが書かれていた。

維新案に教育委員は激しく反発した。一時は教育委員全員の辞職が取り沙汰されるほどだった。そもそも維新案には、教育目標は府知事が定め、目標実現の責務を果たさないことを理由に教育委員を罷免できると書かれていた。このような条例ができれば、教育委員は知事の「イエスマン」ばかりになる。

だが、ダブル選挙が維新の会の勝利に終わり、維新案がほぼそのまま議会を通ってしまうおそれが出てきた。教育委員会は譲歩を迫られた。教育委員会と維新の会の激しいやりとりの末、条例案は大幅に修正されて「大阪府教育行政基本条例」「大阪府立学校条例」「職員基本条例」

として二〇一二年三月に府議会で可決・成立した。「「新進気鋭」の維新の会が派手に仕掛けてくる「立ち技」に対して、「ベテラン」の府教委が巧みな「寝業」に持ち込み、勝負をなんとか延長戦に持ち込んだ」(志水 二〇一二、四八頁)のである。

結局、教員の処分に関わる規定は職員基本条例に移され、教員への相対評価導入は見送られた。校長の公募は募集枠を広げることに落ちついた。府立高校の学区撤廃は先送りとなり、定員割れした高校は「統廃合」ではなく「再編整備」の対象にすることになった。玉虫色の決着である。確かに教育委員会は巻き返しに成功した。

だが、私は、二つの条例案の議会提出は、相手が呑めない要求を突きつけて譲歩を引き出すための作戦だったのではないかとにらんでいる。少しでも地方教育行政を勉強していれば、あれほど問題の多い条例案ができあがるはずがない。うがった見方かもしれないが、条例案の公表と議会への提出は、教育委員会を交渉の場に引きずり出すための戦術だったのだろう。新しくできた条例では「選挙を通じて民意を代表する議会及び首長と教育委員会及び学校組織とが、法令に従って、ともに役割を担い、協力し、補完し合うことが必要」(教育行政基本条例の前文)とされた。知事と大阪維新の会は、教育委員会の独立性を骨抜きにして政治主導で改革を進める条件を整えた。作戦は成功したのだ。

第1章では、教育基本法の改正で、教育の実施にあたって国民への責任よりも法律が重視されるようになり、行政の行為が「不当な支配」と見なされにくくなったことを述べた。法令(国の法律、自治体の条例、それらに関係する規則)に従うことばかりが強調されると、既存の法令が想定しない事態への対応は難しくなる。それはめぐりめぐって教育現場から創意工夫の意欲を奪い、教育の質を劣化させる。

大阪で起きつつあるのは、まさにこの事態である。

改革の全面的展開へ

第一期を改革の世論喚起、第二期を改革の基盤固めの時期だとすると、第三期は改革の全面的展開の時期である。この時期には、次のような出来事があった。

一つ目は、大阪府・大阪市独自の学力テストが実施されるようになったことである。具体的には、高校入試の調査書(内申書)作成の資料となる「大阪府中学生チャレンジテスト」、好成績者に調査書の高評点を保証する「大阪市中学三年生統一テスト」、小学五、六年生向けの「小学生すくすくウォッチ」などである。「チャレンジテスト」の市町村別成績は大阪府教育委員会のホームページで公開されている。大阪市では、学校選択の案内冊子に各校の全国学力テストの成績が記載されている。

二つ目は、大阪市で小・中学校の学校選択制が始まったことである。従来、大阪市教育委員会は、通学区域外への越境就学を放置したことへの反省から、学校選択制に反対の立場をとってきた。だが、この時期には、公募で選ばれた区長の判断によって二四区すべてで学校選択制が導入された。区長は教育委員会の中では区担当次長というポストについているが、学校選択制は教育委員会の頭越しに導入されたといってよい。

三つ目は、府立高校の統廃合が進んだことである。府立学校条例では、三年連続定員割れで改善の見込みがない高校は「再編整備」の対象とすると定められた。大阪市立の高校は府に移管されて一元的に管理・運営されるようになった。「再編整備」には、学科(普通科、専門学科、総合学科)の改編、入学者定員の変更、統合、廃校、他の高校の分校化など、たくさんの選択肢がある。だが、定員割れした学校の多くは、事実上の廃校となっているのが現状である。

ここまで、大阪における教育改革の基本的な流れを振り返ってきた。次の第3章から第5章までは、学力政策、小・中学校の学校選択制、高校の入試制度改革と高校再編の順に教育改革の各論を取り上げ、第6章では改革が何をもたらしたのか、総括的な評価を述べる。ここでは結論だけを述べておこう。

第一に、学力の平均的な水準という点からみても、学力の格差縮小という点からみても、改革はさしたる成果を上げていない。第二に、学校選択制は学校の教育条件や学力の格差を拡大し、市民に分断をもたらしている。第三に、高校の「再編整備」は学力面や生活面で課題を抱える生徒の進路に悪い影響を及ぼしつつある。

一連の改革は、当初の目標を達成できておらず、ましてや教育をよくしたとは到底言えない。そもそも「改革」と呼ぶべきものだったかも疑問である。

第3章　公正重視から卓越性重視へ

——学力政策はどう変わったか

大阪で断行されてきた教育改革の焦点は学力問題である。

前章でみたように、橋下知事(当時)は就任して間もない二〇〇八年九月に「教育非常事態」を宣言し、学力向上を教育改革の最重要課題に据えた。その後、大阪市では二〇一四年度の入学者から小・中学校の学校選択制が始まったが、全国学力・学習状況調査の平均正答率は体力・運動能力調査の結果や中学卒業後の主な進学先とともに、学校選びの判断材料として公開されている。

また、二〇一五年度からは、高校入試の際に中学校が作成する調査書(内申書)の評定を公平にするためと称して「大阪府中学生チャレンジテスト」が実施されている。このテストは府内の中学一年生から中学三年生を対象とするものである。詳しいことは第5章で説明するが、テストで高い成績をおさめた生徒が多い学校は学校全体の評定平均が高めになり、逆に高い成績をおさめた生徒が少ないと学校全体の評定平均は低めになる。つまり、チャレンジテストという「学校対抗戦」の成績が、高校入試という「個人戦」に臨む際の条件を左右するのである。

このように、学力政策は子ども一人ひとりの成長だけでなく、小・中学校の学校選択や高校の入学者選抜制度など、初等・中等教育の様々な面に影響を与えている。

この章では、公正(equity)と卓越性(excellence)という二つの観点から、学力政策の転換の意味を考える。まず、従来、大阪の教育界が学力問題にどのように向き合ってきたのかをみる。ついで、二〇〇〇年代後半以降の教育改革において、学力政策がどのように転換していったのかをみる。最後に、二〇一一年と二〇一二年に実施された「大阪府学力・学習状況調査」を取り上げ、府の政策に対する市町村の反応や府の政策に内在する問題点を明らかにしたい。

1　教育課題としての学力問題

学力格差の是正

前章でみたように、大阪は全国に先駆けて、社会経済的・教育的に不利な立場にある子どもの学力保障と学力格差の是正に取り組んできた。

大阪維新の会が主導する教育改革が始まる前の二〇〇一年、東京大学を中心とする研究者グループが大阪で学力調査を行った(苅谷・志水他 二〇〇二)。この調査は、当時、世間を騒がせていた「学力低下」をめぐる論争に一石を投じるものだった。研究者は、学力の低下は本当に起きているのか、起きているとすればその原因は何かという問いに、事実と証拠でもって答えようとしたのだ。読者は「東京の研究者がなぜ大阪で調査を？」と不思議に思うだろう。理由は単純である。それは、この調査に協力してくれそうな学校が大阪以外ではみつかりそうになかったからである。

大阪の教師たちは、一九七〇年代から研究者と連携したり行政を巻き込んだりしながら、学力や進路の格差是正に取り組んできた。特に力を入れたのは同和地区の子どもたちの学力保障で、一九八〇年代の終わり頃からは学力の実態と取り組みの課題を明らかにするための調査が幾度も行われた。そうした実践と研究の積み重ねがあったからこそ、大阪の教師たちは調査を受け入れてくれたのだ。私は大阪の教育事情を知る研究者のひとりとして、調査に協力することになった。

結果を詳しく分析してみると、家庭の教育的環境に恵まれていない子どもや学習塾に通っていない子どもなど、社会的・教育的に不利な立場に置かれた子どもの学力は大きく低下していた。比較的恵まれた環境にある子どもの学力も低下していたが、低下幅は小さかった。つまり、すべての子どもの学力が同じように低下していたのではなく、生活背景に起因する学力格差が大きくなっていたのである。

この調査が行われた頃、全国で「ゆとり教育」が学力低下の原因だとする考えが広まりつつあった。あの頃は、子どもの興味・関心と主体性を尊重する学習指導への転換が言われていた。今までのやり方を変えるのだから教育現場には戸惑いがあったかもしれない。その戸惑いが学校の学習指導力の低下につながった可能性は否定できない。

しかし、格差の拡大に「ゆとり教育」が直接的に影響しているとは考えにくかった。調査は学校完全五日制と新しい学習指導要領の実施前に行われたからである。教育政策の転換は、少なくとも格差拡大の主因ではない。主因は折からの経済的格差の拡大ではないかと私たちは考えた。

調査結果に私たちは落胆した。これまでの学力保障の努力が実を結んでいないように思えたからである。しかし、さらに詳しく分析をしてみると興味深いことがみえてきた。学力格差の大きさは学校によってかなり違っており、格差を小さく抑えている学校もあったのだ。この調査をきっかけに、学力格差の縮小を目指す「効果のある学校」の共同研究が進み、その成果は後に大阪府教育委員会の「学校改善のためのガイドライン」(二〇〇八年二月)に結実した。

私たちが見出したのは次のような事実である。格差是正の成果を上げている学校では、教職員集団の組織力、家庭や地域との連携・協力、子どもたちの集団づくり、教師と子どもとの信頼関係、授業改革、生活習慣・学習習慣の形成など、学校全体の総合力が充実していた。格差

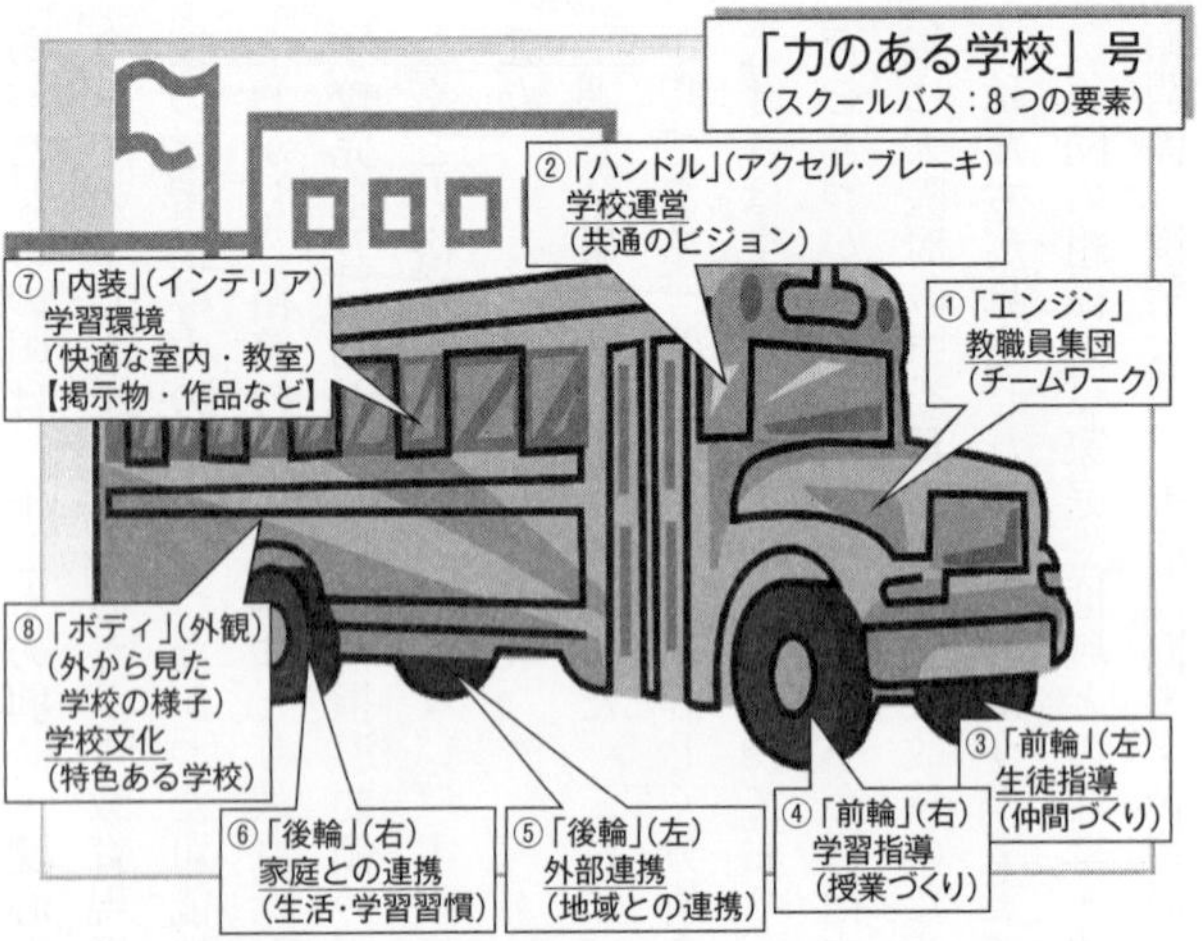

出所：大阪府教育委員会「学校改善のためのガイドライン」2008年，19頁

図3－1　「力のある学校」のスクールバスモデル

の是正に「特効薬」などない。格差是正の鍵は地道で長期にわたる学校づくりにある。**図3－1**は、そのような学校づくりのポイントを「スクールバス」に模して示したものである。

公正と卓越性

公正とは、すべての人に一定の水準以上の教育を受ける権利が保障されているかどうかを問う観点である。卓越性は、全体としての教育水準が高いかどうかや、飛び抜けて優秀な人の才能を伸ばしているかどうかを問う観点である。

公正と卓越性はトレードオフの関係にあると考えられがちである。しかし、ＰＩＳＡなどの国際的な比較調査によると、公正と卓越性を両立している国はいくつもある。実は日本もそうした国の一つである。学力の下支え・底上げがある程度できた結果として学力の格差が小さくなり、全体的な学力水準が高くなっているのが日本の特徴である。従来の大阪の教育は、そのような状態を目指していたのだと言えよう。

公正と卓越性のどちらを重視するかは、学校段階によって異なる。私は初等・中等教育段階では公正が、高等教育段階では卓越性が重視されるべきだと考えているが、それは次のような理由からである。

人間が尊厳をもって生活するために不可欠の教育を基礎教育(basic education)と呼ぶ。小・中学校を中核とする義務教育は基礎教育をすべての人に保障するための制度であり、国や自治体にはそれを整備する責任がある(上杉 二〇一七)。こうした観点から義務教育段階では公正の確保が優先されるべきである。義務教育修了後に大半の人が進学することを考えると、高等学校(後期中等教育)段階でも公正は重要視されるべきだろう。

一方、高度な知識が求められる専門職を養成したり、学術研究を担ったりする大学や大学院(高等教育)段階では、卓越性が重視されるのが当然である。だが、高等教育段階でも公正の観点は必要である。現在は政治的論争の的になっているが、アメリカでは積極的差別是正策(アファーマティブ・アクション）といって、民族的・人種的背景を考慮した入学者選抜が行われてきた。近年の日本でも、理系に進学する女性を増やすための入試制度が検討されている。

公正の観点に立った施策には長い歴史がある。古くからのものには、義務教育教科書の無償配付、困窮世帯に教育費を補助する就学援助制度、学習指導や生活指導に課題を抱えた学校に対して教員を追加で配置する制度（児童生徒支援加配）などがある。最近は、夜間中学（夜間に授業を行う中学校。広い意味ではボランティアが運営する「自主」夜間中学も含む。生徒の大半は学齢期を過ぎた成人である）や不登校特例校（不登校の子どもや若者の学び直しのために柔軟な教育課程を組む学校）が増えてきているが、これらは教育のメインストリームから排除された人々の権利回復を目指す学校だと考えられる。

近年の新自由主義的教育改革では、国の経済的競争力を高めるため、卓越性の観点からの人材育成が重視されてきた。かつて国の教育課程審議会（学校の教育課程のあり方を審議する会議。その役割は中教審の初等中等教育分科会に引き継がれている）の会長を務めた作家の三浦朱門は、「学力低下」問題が社会的な関心を集めていた頃、次のように発言して物議をかもした。

できん者はできんままで結構。戦後五十年、落ちこぼれの底辺を上げることにばかり力を注いできた労力を、できる者を限りなく伸ばすことに振り向ける。百人に一人でいい、やがて彼らが国を引っ張っていきます。限りなくできない非才、無才には、せめて実直な精神だけを養っておいてもらえばいいんです。（斎藤 二〇一六、六〇頁）

「落ちこぼれの底辺を上げることにばかり力を注いできた」という認識は事実に反すると思うが、公正よりも卓越性を重視し、格差や分断に「実直な精神」の涵養で対応するという発想は、その後の教育改革の通奏低音になっていった。学力政策において卓越性を重視する大阪の教育改革は、このような時代背景の中で進んできたのである。

2　前のめりな学力向上政策

学力向上を最重点課題に

大阪府教育委員会は、二〇〇九年一月、向こう一〇年の教育改革の基本計画として「「大阪の教育力」向上プラン　公立学校教育への信頼の確立に向けて」を公表した。このプランは、一九九九年四月に公表された「教育改革プログラム」の後継計画にあたる。「教育改革プログラム」は新しい学習指導要領の実施と学校完全週五日制の開始を見据えて、「学校教育の再構築」と「(学校・家庭・地域の)総合的教育力の再構築」を二本柱とする改革を打ち出した。大阪府教育委員会は、さらに義務教育に関する府の政策と市町村に対する支援策を「義務教育活性化推進方策」(二〇〇三年三月)として整理した。

以下、二〇〇三年の「義務教育活性化推進方策」と二〇〇九年の「「大阪の教育力」向上プラン」を比べて、大阪の学力政策がどのように変化したのかを述べよう。

「推進方策」が差し迫った教育課題として挙げたのは次の四つである。第一には「依然として深刻な心と行動の状況」である。具体的には、いじめ、不登校、「学級崩壊」、少年非行・犯罪などである。第二には「子どもに関わる新たな課題」であり、学力の状況と健康・体力をめぐる状況への懸念が示された。学力に関しては、学ぶ意欲が低いこと、学習内容の厳選や授業時数の削減によって学力が低下する心配があること、家庭状況などによる学力格差が拡大するおそれがあることなどが指摘された。第三には「教育システムと子どもの実態の乖離」である。具体的には、「小一問題」(小学校低学年で学級経営が困難になる問題)や「中一ギャップ」(中学入学後に不登校や生徒指導上の問題が増える問題)が取り上げられた。第四の課題は学校の「管理・運営面で生じた課題」である。具体的には、いじめや「荒れ」への対応が十分にできていないことや、学校の安全管理体制が確立されていないことなどである。

「推進方策」では、学力（学力・学習意欲の低下や学力格差の拡大）の課題は、心（問題行動・非行）や体（健康・体力）とならぶ重要課題とされた。この認識は、「生きる力」の育成を目指す国の教育改革の理念を反映したものだといえるが、学力格差の拡大に対する懸念は大阪ならではだった。

二〇〇九年の「『教育力』向上プラン」は、「『学校力』を高める」「学校・家庭・地域をつなぐ」「子どもたちの志や夢をはぐくむ」という三つの大きな目標を挙げ、それらの下に一〇の基本方針と三五の重点項目を位置づけた。

基本方針の一つ目は「小・中学校で、子どもたちの学力を最大限に伸ばします」である。この基本方針にそって、二〇一三年度までに全国学力・学習状況調査の各教科・区分（国語と算数・数学のA問題とB問題）で全国平均正答率を上まわること、無解答率をゼロにすることが数値目標として設定された。さらに、目標達成のための重点施策として、①学力向上方策の展開、②家庭、地域と連携した学習機会、教育内容の充実、③小・中学校の適正規模の確保支援、④校種間の連携強化と就学前教育の推進が挙げられた。

「『大阪の教育力』向上プラン」の最重点課題は学力向上であり、社会教育や家庭教育支援に関わる施策も学力向上策に結びつけられた。様々な施策が「総がかり」で学力向上を目指す施策体系ができあがったのである。

消えずに残った公正への配慮

二〇一〇年度には「教育非常事態」宣言直後の緊急対策を引き継ぐ事業が始まった。府内の二五九の中学校に学力向上担当教員を配置する「学校力向上プロジェクト支援事業」である。

私は事業の開始にあたって関係者に聞き取り調査を行った。担当者によると、対象を中学校に限定したのは、学習指導や生活指導に困難を抱える学校が小学校よりも多いからだということだった。学力向上担当教員は、各校の取り組みのコーディネーターとして、学力向上計画の策定、学力調査の分析、各校の研修・研究の見直しなどを担うということだった。

当時の大阪府教育委員会は、市町村間の学力格差や学校間の学力格差に言及していなかった。事業説明でも、学力向上担当教員は「学力向上プランを策定し、学力向上に積極的に取り組む学校」に配置するということになっていた。だが、学力向上担当教員は、実際には学力テストの成績が不振だった学校に優先的に配置されたようである。

表3-1は、当時、関係者から入手した資料をもとに、府内を北摂(北部)・河内(東部)・泉

州（南部）と政令市（大阪市と堺市）に分け、エリアごとに学力向上担当教員が配置された学校の数と割合をまとめたものである。

北摂とそれ以外の地域で配置状況に違いがあることは一目瞭然である。こうした偏りは、次に述べるような地域事情に配慮した結果だったのではないかと思われる。

大阪府の領域は、旧摂津国の一部、河内国、和泉国から成っている。兵庫県や京都府に隣接する北部は摂津の北部という意味で北摂と呼ばれる。奈良県に隣接する東部は河内、和歌山県に隣接する南部は和泉（泉州）である。府の真ん中には政令市の大阪市があり、その南隣には同じく政令市の堺市がある。

表3-1　学力向上担当教員を配置した中学校

北摂（10市町）	92校中　23校（25%）
河内（19市町村）	147校中　85校（58%）
泉州（12市町）	52校中　35校（67%）
政令市（2市）	173校中116校（67%）

各地域には次のような特徴がある。北摂にはホワイトカラーや転勤族が多く、戦前からの高級住宅地もある。河内や泉州には地縁的なつながりが深くて祭りが盛んな地域や、製造業の工場が多く好不況の影響を受けやすい地域が広がっている。

府で最大の人口を有する大阪市の事情は込み入っている。大阪市は政令市の中では貧困・生活困窮者が多く、子どもの学力不振も深刻である。だが、細かくみると、市の中心部にはミドルクラス・富裕層の都心回帰で人口が増えている地域がある一方、南部や西部には少子・高齢化と住民の困窮が目立つ地域が広がっている。巨大な地域間格差を抱えているのが大阪市の特徴である。

地域の社会経済的・文化的特性を反映して、大阪府内の学力水準には「北高南低」の傾向がある。二〇〇八年の全国学力テストの市町村別成績をみると、成績上位一〇位までのうち六つは北摂の市町で、一位から四位までは北摂が独占していた。一方、成績下位一〇位までの内訳は、河内が五、泉州が四、政令市が一だった(中学校の国語A・Bと数学A・Bの正答率の平均。府民の情報開示請求に応じて二〇〇八年一〇月一六日に大阪府教育委員会が公開したデータにもとづく)。施策の実施状況をみれば、学力向上への「積極性」だけでなく「必要性」にも配慮したテコ入れが行われたことは明らかである。当時、ある関係者は、個人的な意見だと断りつつ、次のように証言してくれた。

「特に教育行政(の役目)は、特に公立学校の場合はね、底上げでしょ、やっぱり。経済的に恵まれている子どもさんはそれなりにいろんな手を使って学力向上はされますんでね、それができない子どもさんをどうしていくのかというところに公教育(の役目)はあると思うので。〔中略〕そこがやっぱり大阪の教育のベースの考え方やと思ってるんです」

（二〇一一年七月）

このような認識は表だって語られなかった。また、「必要性」に応じた教員配置にどれほどの効果があったのかも検証されていない。その意味では中途半端ではあったが、施策の中に公正への配慮は消えずに残ったといえる。

「大阪府教育振興基本計画」の策定

「「大阪の教育力」向上プラン」は一〇年先を見据えた計画だったが、すぐに見なおされて「大阪府教育振興基本計画」（二〇一三年三月）が策定された。

二〇〇六年に改正された教育基本法では、各自治体に教育振興基本計画を策定する努力義務が課せられている。多くの自治体では教育委員会が計画をつくるが、大阪では「教育行政基本条例」の定めにより、知事が教育委員会と協議して案をつくり、それを議会に提出して承認を受けることになっている。計画は教育委員会の考えを無視してつくられるわけではないが、計画づくりの主導権を握るのは知事と知事与党である。

表3－2は「「大阪の教育力」向上プラン」と「教育振興基本計画」の目標と基本方針の対

照表である。基本計画では、プランにあったような「最大限に」「すべての」「しっかりと」などの肩に力が入った表現や「指導が不適切な教員を現場からはずす」といった過激な表現は消えた。基本計画は、先に示した時期区分(第2章表2-1)の「改革の基盤固め」の時期につくられた。こうしたことも穏便な言葉づかいに影響したのかもしれない。

表現は柔らかになったとはいえ、「基本計画」が学力向上を最重要課題としていることに変わりはない。「基本計画」は基本方針の一つ目で「PDCAサイクル」にもとづく学校経営を挙げている。テストによる目標管理の体制が一応は完成したことの反映だろう。

ただし、「基本計画」には「学習指導面や生徒指導面で課題のある中学校に市町村教育委員会と連携して重点的な支援を行う」など、公正への配慮をうかがわせる部分もある。この当時は、「学校力向上プロジェクト」よりもさらに対象を絞り込んだ「重点支援校」一五〇校への加配や校内研修支援を行う事業が進められていた。私は重点支援校に指定されたいくつかの学校で調査を行ったが、現場では「結果を出せというプレッシャーは感じるが、人やお金がつくのはありがたい」といった意見が多かった。

なお、「基本計画」は高校改革にもかなりの紙数を割いている。これについては第5章で扱うので、要点だけを押さえておきたい。まず目をひくのは、公立高校と私立高校の切磋琢磨

表3－2　「「教育力」向上プラン」と「教育振興基本計画」

	目標	基本方針
「大阪の教育力」向上プラン（2009年）	1 「学校力」を高める	1 小・中学校で，子どもたちの学力を最大限に伸ばします 2 すべての府立高校が魅力を高めあい「入ってよかった」と言われる学校をめざします 3 障がいのある子ども一人ひとりの自立をしっかりと支援します 4 子どもたちの健康と体力づくりを進めます 5 教員の力を高めるとともに，指導が不適切な教員を現場からはずします 6 学校の組織力と学校へのチーム支援を強化します 7 子どもたちの安全で安心な学びの場をつくります
	2 学校・家庭・地域をつなぐ	8 家庭との役割分担，地域との協力で子どもたちの学びと育ちを支えます
	3 子どもたちの志や夢を育む	9 子どもたちの豊かな心をはぐくみます 10 責任をもって行動できる大人に育てます
教育振興基本計画（2013年）	1 すべての子どもの学びの支援	1 市町村とともに小・中学校の教育力を充実します 2 公私の切磋琢磨により高校の教育力を向上させます 3 障がいのある子ども一人ひとりの自立を支援します 4 子どもたちの豊かでたくましい人間性をはぐくみます 5 子どもたちの健やかな体をはぐくみます
	2 教育の最前線である学校現場の活性化	6 教員の力とやる気を高めます 7 学校の組織力向上と開かれた学校づくりをすすめます 8 安全で安心な学びの場をつくります
	3 社会総がかりで大阪の教育力の向上	9 地域の教育コミュニティづくりと家庭教育を支援します 10 私立学校の振興を図ります

(基本方針2)や私立学校の振興(基本方針10)が盛り込まれたことである。

具体的な施策の中で興味深いのは、私立高校授業料の無償化措置の拡充である。授業料無償化の本来の目的は、家計状況で高校進学の機会が阻まれないようにすることにあるが、大阪ではもう一つのねらいがあった。私立の教育費負担を軽減して公立の学費面でのアドバンテージをなくし、入学者の獲得を公立校と私立校で競わせることである。

大阪では国の制度(高等学校等就学支援金)に上乗せして私立高校の授業料無償化措置が行われてきた。学費面での公立の優位性は小さくなり、私立の方が公立よりも早く入試を実施するから、入学者が公立から私立へと流れる動きはどんどん進んでいる。現在の大阪では公立高校の入学者が減り、定員割れが常態化して募集停止となる学校が相次いでいる。近い将来には公立と私立の入学者比率は逆転するかもしれない。

「公」部門を小さくして「民」部門を大きくするのは新自由主義的な改革の特徴である。後でみるように、このような改革は経済的・教育的に不利な状況にある生徒の進路に悪影響を及ぼしている。

3　学力テストは教育現場に何をもたらしたか

競争の過熱に対する警戒感

全国学力・学習状況調査が始まった当初、文科省は、市町村・学校ごとの結果公表には極めて慎重だった。教育委員会にも、市町村別や学校別の結果を公表しないようにと繰り返し求めていた。

実施初年度(二〇〇七年度)の調査実施要領は、「調査結果の取扱いに関する配慮事項」について、次のように述べていた(「平成一九年度全国学力・学習状況調査に関する実施要領」。傍線は引用者による)。

> 本調査の実施主体が国であることや市町村が基本的な参加主体であることなどにかんがみて、都道府県教育委員会は、域内の市町村及び学校の状況について個々の市町村名・学校名を明らかにした公表は行わないこと。
>
> また、市町村教育委員会は、上記と同様の理由により、域内の学校の状況について個々

の学校名を明らかにした公表は行わないこと。

二〇〇九年には全国学力テストの導入に反対していた民主党による政権が誕生した。一時はテストの廃止も検討されかけたが、結局、二〇一〇年度は抽出方式で継続されることになった。すべての自治体・学校・子どもに網をかけて目標管理を行うというテストの性格は弱くなったといえる。なお、希望する自治体は国のテストを利用して独自に集計・分析できたが、結果公表にあたって、国は、特に「序列化や過度の競争につながらないようにすること」を求めていた(二〇一〇年度の実施要領)。

翌二〇一一年三月には東日本大震災が起き、全国学力・学習状況調査は中止された。だが、希望する自治体は、前年度と同じように、国が用意したテスト問題と質問紙調査を使って独自に調査を実施してよいことになった。二〇一二年には全国調査が復活し、理科が追加された。以後、理科のテストは三年ごとに実施されるようになる。

二〇一二年一二月の総選挙で自民党が圧勝し、自民党と公明党による連立政権が誕生した。この翌年からテストはもとのように悉皆形式で実施されるようになった。二〇一九年からは国語と算数・数学の問題はそれぞれ一種類になり、英語が実施されるようになった。以後、英語は理科と同じように三年ごとに実施されるようになった。

国も結果公表の容認へ

全国学力・学習状況調査の内容と実施方法は目まぐるしく変わったが、結果公表の方針も大きく変わった。

現在の実施要領は、市町村別や学校ごとの結果公表を「可能である」としたうえで、都道府県が市町村の結果を公表する時には同意を得ること、テスト結果を公表する時には改善方策もあわせて公表することなど、公表の手続きを細かく説明するようになっている。次に示すのは「調査結果の取扱いに関する配慮事項」である（二〇二三年度の実施要領。傍線は引用者による）。

ア　教育委員会及び学校による調査結果の公表

（ア）都道府県教育委員会においては、調査の実施主体が国であることや、市町村が基本的な参加主体であることなどに鑑みて、以下のとおり取り扱うこと。〔①③④は省略〕

②　域内の市町村教育委員会が設置管理する学校全体の状況及び各学校の状況については、市町村教育委員会の同意を得た場合は、〔中略〕当該市町村名又は当該市町村教育委員会

が設置管理する学校名を明らかにした公表〔市町村名又は学校名を特定することが可能な方法による公表を含む。以下同じ。〕を行うことは可能であること。〔後略〕

（イ）市町村教育委員会においては、以下のとおり取り扱うこと。

① 当該市町村教育委員会が設置管理する学校全体の結果について、それぞれの判断において、〔中略〕公表することは可能であること。

② 自らが設置管理する学校の状況について、それぞれの判断において、〔中略〕公表することは可能であること。この場合、個々の学校名を明らかにした公表を行うことについては、その教育上の影響等を踏まえ、必要性について慎重に判断すること。

③ 自らが設置管理する学校に自校の結果を公表するよう指示する場合も、自らが個々の学校名を明らかにした公表を行う場合に準じて取り扱うこと。

国は市町村や学校の結果公表を抑えることをやめ、公表を容認しその方法を詳しく示すようになった。この方針転換は大阪での動きを追認するものだった。結果からみれば、大阪は国の方針転換の露払い役を果たしたのである。

学力テストをめぐる府と市町村の葛藤

大阪では、二〇一一年に独自の「大阪府学力・学習状況調査」が始まった。実施主体は府だが、参加するかしないかを決めるのは市町村とされた。対象学年と実施教科は国と同じだったが、中三では英語が追加された。調査は六月に実施され、秋には市町村別の結果が公表された。

このテストは全市町村を対象にして悉皆で実施される予定だったが、大阪市をはじめとする一〇の自治体は調査に参加しなかった。それには次のような理由があったと思われる。

一つには、市町村別の結果公表を前提とするテストに参加して学力向上競争に巻き込まれることを警戒した自治体が少なくなかったためである。教育改革の初期では、全国学力・学習状況調査の結果公表をめぐって、府知事と市町村教育委員会は激しく対立した。知事は結果公表に抵抗する教育委員会を厳しく非難し、府民による情報開示請求という「奇策」を使ってまで結果の公表を迫った。府が実施主体となるテストでは「奇策」は不要だった。市町村別の結果を公表するかどうかは府の裁量で決められたからである。

もう一つの理由は、わざわざ府の調査に参加する必要はなかったからである。この年、希望する自治体は用意された全国学力テストの問題を使って調査を実施できた。それを活用すれば子どもたちの学力や学習の状況を把握できると考えた自治体は、府のテストへの参加を見送った。大阪市はそうした自治体の一つである。

テストの設計にも大きな問題があった。先に私は、全国学力・学習状況調査が多くの目的を詰め込みすぎていることを指摘したが、大阪府のテストも同様の問題を抱えていた。実施要領(「平成二三年度大阪府学力・学習状況調査実施要領」)によると、このテストには次の四つの目的があった。

(1) 大阪府教育委員会が、府内における児童生徒の学力や学習状況を把握・分析することにより、大阪の児童生徒の課題の改善に向けた教育及び教育施策の成果と課題を検討し、府内全体の児童生徒の学力及び学習状況の改善を図る。
(2) 市町村教育委員会や学校が、府内全体の状況との関係において、児童生徒の課題の改善に向けた教育施策及び教育の成果と課題を把握し、その改善を図る。
(3) 各学校が、児童生徒の学力や学習状況を把握し、児童生徒への教育指導の改善を図るとともに、そのような取組を通じて、学校力向上のためのＰＤＣＡサイクルを確立する。
(4) 児童生徒一人ひとりが、自らの学習到達状況を正しく理解することにより、自らの学力や生活に目標を持ち、また、それらの向上への意欲を高める。

私なりに(1)〜(4)の目的を言いかえると、(1)は府の政策評価、(2)は市町村の政策評価、(3)は学校改善、(4)は一人ひとりの子どもの意欲増進ということになる。

(1)のためなら、地域のバランスや学校の規模などを勘案した抽出調査にすべきだった。悉皆にすることで参加を見送る自治体が増えてしまうのでは本末転倒である。(2)や(3)のためにテストを実施する必要性もない。市町村立学校に対する支援策や各校の取り組みに応じて調査が設計されたわけではないからだ。さらに、二〇一二年度には復活した国の学力テストと府の学力テストの両方を実施せねばならない学校も現れてしまった。子どもの負担は増すばかりである。(4)については、子どもたちを日常的に指導している教師の取り組みが基本にあるべきである。そもそもテストの成績をみて「意欲を高める」子どもがどれほどいるというのだろう。

府の政策に抵抗する自治体をあぶり出すという点では、テストの政治的な意味は大きかったのかもしれない。だが、子どもと学校の負担が大きい割には、学力の現状把握にも取り組みの成果検証にも使えない、無理と無駄を重ねたテストだった。

大阪府独自のテストはわずか二年で打ち切りとなった。全国学力テストが再び悉皆で行われるようになったのはその翌年のことである。

競争秩序は確立したか

大阪府の学力政策の基調は、公正の重視から卓越性の重視へと転換した。しかし、テストによる目標管理と目標達成に向けた競争は、大阪の教育界にあまねく浸透したとまではいえない。大阪府が独自に実施したテストは、市町村ごとに正答率を公表することを前提としていた。そのため、過度の競争に巻き込まれまいとする自治体からは不参加が相次いだ。また、このテストと相前後して実施された学力関連施策の中には、学力向上担当教員の加配のように、格差縮小のための施策と解釈できるものもあった。

そもそも小・中学校の大半は市町村立である。だから、府の学力政策が小・中学校に及ぼす影響は間接的で限定的にならざるを得ない。市町村教育委員会には独自の学力政策を展開する余地もある。子どもに育みたい力として「ゆめ力（将来展望を持ち、努力できる力）」「自分力（規範意識を持ち、自分をコントロールできる力）」「つながり力（他者を尊重し、積極的に人間関係を築こうとする力）」「学び力（学校の授業で、意欲的に学ぶ力）」という四つの力を想定し、学力の下支えを重視した政策で成果を上げている例もある(志水・茨木市教育委員会 二〇一四)。

しかし、テスト重視の学力政策が格差是正の足かせになっていることも否定できない。特に、府内の小・中学校の約四分の一を占める大阪市では、小・中学校に学校選択制が導入され、「人気校」と「不人気校」の分化と結びついた学力格差の固定化・拡大が進みつつある。次の章ではその実情に迫りたい。

第4章　格差の拡大と地域の分断

――小・中学校の学校選択制

この章では、大阪市で実施されている小・中学校の学校選択制が教育現場に及ぼした影響を検討する。

学校選択制を支持する人たちは、選択制によって特色ある学校づくりが進み、子どもたちは多様な選択肢から自分に合った教育を選んで受けられるようになると言う。教育を受ける権利の保障という観点からも、学校教育の改善という観点からも、学校選択制は望ましい制度だと言う。はたして、そうなのだろうか。

第1章で述べたように、日本に先立って新自由主義的な教育改革が進んだアメリカやイギリスでは、学校選択制のもとで学校の教育条件や子どもたちの学力格差が広がるなど、多くの問題が現れたことが指摘されている。日本でも二〇〇〇年代に学校選択制は首都圏や地方の県庁所在地などで始まった。しかし、その後は制度の廃止や見直しをする自治体が相次ぎ、結局、この制度は全国に広まらなかった。唯一の例外といってよいのが大阪市である。

以下では、日本の学校選択制の歴史と現状を説明した後、大阪府・市が学校選択制にどのような姿勢をとっていたのかをみる。ついで、大阪市で学校選択制が導入された経緯をみる。最後に、実際の選択状況や私が行った調査などを手がかりにして、学校選択制の実情に迫る。

1　学校選択制の歴史と現状

制度導入のねらい

公立の小・中学校には「通学区域」というものがある。子どもたちは原則として自分が住む通学区域にある小・中学校に就学する。これを通学区域制度と呼ぶ。通学区域は学校設置者（市町村や東京都の特別区）の教育委員会が定める。それは、適正な規模と教育条件を備えた学校を計画的に配置し、どこの地域に住んでいても一定の水準以上の教育を受けられるようにするためである。なお、通学区域には様々な通称がある。東日本では「学区」、西日本では「校区」と呼ぶことが多く、大阪市などでは「校下」と呼ぶが、意味はどれも同じである。

一九八〇年代の終わり頃、通学区域制度を見直して「子どもに合った」学校を選べるようにすべきだという考え方が登場した。臨教審の第三次答申（一九八七年）は通学区域制度の見直しを提言した。だが、当時、具体的な見直し作業はほとんど進まなかった。

今の学校選択制につながる動きが具体化したのは一九九〇年代の後半である。一九九七年に文部省（当時）は、行政改革委員会の「規制緩和の推進に関する意見（第二次）」（一九九六年）を受けて、「通学区域制度の弾力的運用」を全国の教育委員会に通知した。具体例としては、最終学年(小六、中三)で通学区域の外に引っ越したが元の学校に通いたい場合や、いじめが解決されなかったり不登校状態が続いたりして教育環境を変えたいと希望した場合、あるいは隣接する通学区域の学校が自宅に近い場合などが想定されていた。この通知以降、保護者の申し出に応じて就学する学校を変えることが広く認められるようになった。

その後、三重県紀宝町(一九九八年)と東京都品川区(二〇〇〇年)を皮切りに、理由を問わず学校を選べるようにする制度が始まった。学校選択制の登場である。学校選択制は瞬く間に広まり、二〇〇四年度には東京二三区中一九区が学校選択制を導入した。制度導入の動きは、さらに首都圏の自治体や地方の県庁所在地(前橋市、岡山市、広島市、松山市、長崎市、佐賀市、那覇市など)にも及んだ。

当時の日本では、教育の地方分権が推し進められていた。学校完全週五日制や「総合的な学習の時間」の開始をきっかけに、「地域に開かれた」学校づくりや子どもの個性に合わせた教育を求める世論も高まりつつあった。この教育改革の波にのって、学校選択制は目新しい施策として全国に広まったのだと考えられる。

学校選択制の実施状況を調査した研究グループは、学校選択制のねらいについて興味深い指摘をしている。「特色ある学校づくりが進む」とか「子どもに合った学校を選べる」といった理由は「表向き」のものであり、学校選択制の「本当」のねらいは別にあったというのだ。それは①公立学校の「体質改善」、②「教育改革」のアピール、③学校統廃合の促進、④競争による「学力」向上である（嶺井・中川 二〇〇五）。かみ砕いて言えば、①は教師に保護者という「顧客」の意向を意識させて経営努力を促すこと、②は首長が自らの改革姿勢を有権者にアピールすること、③は小規模校から児童・生徒を流出させて統廃合を促すこと、④は保護者や子どもに選ばれるために学力の高さを競わせることを指す。

学校選択制はなぜ失速したのか

学校選択制は二〇〇〇年代に大きく広まったが、数年後には拡大に急ブレーキがかかった。ここでは二〇〇六（平成一八）年度と二〇一二（平成二四）年度に文科省が行った学校選択制の実施状況調査の結果を紹介しよう。

図４－１は小学校で学校選択制を実施する自治体の割合を示したものである。二〇〇六年度と二〇一二年度とを比べると、「実施」は一四・二パーセントから一五・一パーセントへとほぼ横ばいである。「導入検討中」は三三・五パーセントから一・七パーセントに急減し、「非実施」

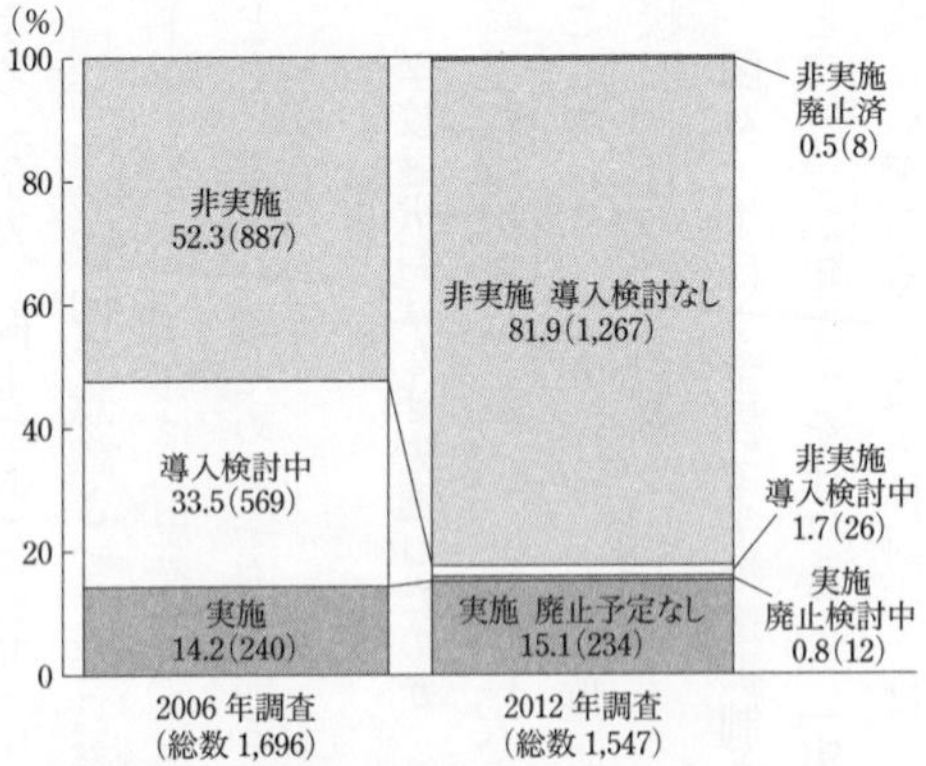

出所：文部科学省「小・中学校における学校選択制等の実施状況について」2012 年，3 頁

図 4-1　学校選択制の実施状況(2006 年と 2012 年の割合を比較)

は五二・三パーセントから八一・九パーセントに急増した。文科省の調査と相前後して、制度を廃止する自治体も現れた（東京都杉並区、群馬県前橋市、長崎県長崎市など）。「風評」で入学希望者が急増・急減したり、設備・施設の充実度などの理由で学校が選ばれるようになったり、地域と学校の連携が難しくなったりしたというのがその主な理由である。

学校選択制は、実際に導入してみると期待した成果を上げず、制度の問題や限界が浮き彫りになったといえる。

二〇二一年に文科省が実施した「就学校の指定・区域外就学の活用状況」調査によると、学校選択制を実施している自治体は全国で二一・九パーセントである（以下、すべて小学校の数値）。一見、前回の調査より増えたようにみえる。だが、実施形態別にみると、大きく増えたのは特認校制（山間部などの小規模校を指定して、当該自治体全域から就学できるようにする制度）である。学校選択制を導入した自治体でこの形態を実施している割合は五九パーセント（前回は四二パーセント）にのぼる。自由選択制（市町村内のすべての学校から自由に選ぶ制度）は一〇パーセント（同一二パーセント）、ブロック選択制（市区町村をいくつかのブロックに分け、そのブロック内から学校を選ぶ制度）は二パーセント（同一パーセント）、隣接区域選択制（隣接する通学区域の学校から選ぶ制度）は一六パーセント（同二二パーセント）、特定地域選択制（大規模校を指定し、その通学区域に住んでいる人は通学区域外の学校を選べる制度）は二七パーセント（同三三パーセント）で、いずれも横ばいまたは減少傾向にあった。

学校選択制は、当初、保護者に選ばれるための「競争力」を各校につけることで学校を改善する策として期待され、首都圏や地方の大都市で広まった。しかし、実際に導入してみるとメリットよりも弊害の方が大きく、制度は広がらなかった。いまや、日本の学校選択制は、過疎地における小規模校の存続・活性化策へとその性格を変えつつある。文科省が実施した調査の名前が「学校選択制の実施状況」から「就学校の指定・区域外就学の活用状況」に変わったことはその何よりの証拠である。

2　大阪市の学校選択制——全国的な流れに反して

差別を助長する越境就学の解消

このような全国の動向に逆行して、大阪市では橋下市長（当時）の意向のもと、二〇一四年度に学校選択制が導入された。

もともと大阪府・市の教育委員会は、学校選択制に極めて慎重な姿勢をとっていた。二〇一二年の文科省の調査でも、四七都道府県で学校選択制を導入した市町村が報告されていないのは大阪だけだった。

厳密にいうと、大阪でも就学する学校を選ぶことは可能だった。どこの自治体でも通学区域制度の弾力的な運用が行われていたからである。特認校制度を導入した自治体もいくつかあった（箕面《みのお》市、高槻市、柏原市、河内長野市、和泉市、泉佐野市、泉南市）。小・中学校の再編に合わせて中学校区内の二つの小学校から就学する学校を選べるようにした市もあった（寝屋川《ねやがわ》市）。ただし、これらは例外的な措置・制度であり、全体としては「地域の子どもは地域の学校で学ぶ」通学区域制度が維持されていたといえる。

なぜ、大阪では学校選択制が広まらなかったのだろうか。それは、同和地区を校区に含む学校に通学することを忌避する「越境就学」が、かつて大阪の教育界を揺るがせる大きな問題になったからである。

一九六八年に大阪市教育委員会が行った調査によると、市全体で約一割の児童・生徒が本来の通学区域外の学校に通っていた。この調査では越境が極端に多い学校がいくつか報告されていた。ある中学校では、在籍するはずの一一三九人中四一八人は他校に越境就学（三六・七パーセント）しており、その校区にある小学校でも三一〇八人中九四一人（三〇・三パーセント）が越境就学していた。両校とも校区に同和地区を有し、後年、同和教育が熱心に取り組まれるようになった学校である（鈴木・横田他　一九七六）。

このような越境就学の実態を踏まえ、大阪市教育委員会は「越境入学防止対策基本方針」（一九六八年）を定め、越境就学（入学）の解消に努めるようになった。基本方針は次のように越境就学（入学）の弊害を指摘した。

越境入学については、従来よりその防止に努力を続けてきたところであるが、今回の実態調査の結果遺憾ながら依然として多数の越境通学者が認められた。

越境入学は、教育の機会均等ならびに人間尊重という教育本来の目標をゆがめる重大な問題であり、児童生徒の社会性など人間形成を進めるうえで生活指導上の問題を生じている。

このような教育のゆがみの中で部落に対する差別も培われるのである。事実また校下に部落を含む学校からの越境が多いことが認められた。その他通学の面においても弊害が現れており、また行政的に見ても越境は違法な行為であることはいうまでもない。

越境就学は大阪市外でも深刻で、市町村をまたがる越境就学も少なくなかった。そこで、一九七一年には大阪府教育委員会が大阪市の代表も加えて「適正就学委員会」を設置し、越境就学の解消に本腰を入れ始めた。その後、関係者の努力によって越境就学は急速に減っていった。一九七六年には大阪市で〇・〇七パーセント、大阪市を除く府内でも〇・〇八パーセントとなり、今に至っている(どちらも中学校の数値)。

数字の上では越境就学は皆無に近くなった。だが、それで根本的な問題が解決したわけではない。この章の最後でみるように、居住地や学校を選ぶ時に生活困窮者やマイノリティが多く住む地域を忌避する意識は根強く存在する。学校選択制は法律に違反してはいない。しかし、学校選択制は、事実上の越境就学に行政が「御墨付き」を与え、特定の地域や学校に対する忌避意識を温存・助長しかねない制度である。

政治主導による学校選択制の導入

大阪市では、橋下市長と大阪維新の会が主導して「教育行政基本条例」と「市立学校活性化条例」が制定され(二〇一二年)、「教育振興基本計画」が全面的に改定された(二〇一三年)。新しい基本計画では「ガバナンス改革」に学校選択制が位置づけられた(ガバナンスとは「統治」や「管理」を意味する言葉である)。基本計画の改定により、学校選択制を前提として義務教育を実施することが、法令上、明確にされた。

大阪市では、学校選択制の導入以降、もとの通学区域の学校に入学を希望する人も含めて、保護者全員が学校選択の「希望調査票」を各区に提出して選択の意思を示すことになっている。希望票を提出しない人は地元の学校を選択したと見なされるが、各区の希望票の提出率は八割前後に達している。各区は調査票提出率の上昇を「学校選択制への理解」が浸透した証拠だと解釈しているようである。

基本計画の改定作業と並行して、各区では学校選択制と中学校の給食実施について保護者や地域住民の意見を聞く「学校教育フォーラム」が開催され、全市的に「熟議『学校選択制』」が約半年間にわたって開催された(熟議「学校選択制」委員一同「熟議『学校選択制』報告書」二〇一二年)。「学校教育フォーラム」や「熟議」では選択制に対する反対論や慎重論が多かったが、結局、学校選択制は、公募で選ばれた区長の判断で各区に導入された。本来、就学制度に関する権限は区長にはない。権限を持つのは市の教育委員会である。そこで、区長には教育委員会の区担当教育次長のポストが与えられ、教育委員会に委任された権限にもとづいて区長が学校選択制導入の可否を判断したという形をとり、法令上の問題を回避した。

学校選択制の導入に先立ち、大阪市では、全国学力テストの平均正答率を各学校が公表することになった。当初、正答率の公表は、学校協議会(保護者、地域住民、学識経験者などから選ばれた委員が学校運営について意見を述べる大阪市の制度。これに類似する国の制度には「学校評議員」や「学校運営協議会」がある)の意向を尊重して校長が判断するとされた。だが、公表すべきだと判断した学校協議会はほとんどなかった。そこで、二〇一三年一〇月に学校管理規則が改訂され、各校に正答率の公表が義務づけられた。なお、テストの対象学年が一学級だけの学校に平均正答率を公表する義務はない。実際の対応は各区・学校の判断に委ねられている。

根拠なき「メリット」と有効性なき「課題」対応

学校選択制の導入にあたり、教育委員会は二〇一二年に「就学制度の改善について」という文書をまとめ、次のような制度の「メリット」を挙げていた。

- 子どもや保護者が意見を述べ、学校を選ぶことができる。
- 子どもや保護者が学校教育に深い関心を持つ。
- 特色ある学校づくりが進められる。
- 開かれた学校づくりが進む。

これらの「メリット」は大阪市に先行して学校選択制を実施した自治体でも語られていた。だが、それらは根拠が曖昧な希望的観測であり、実際に確かめられた事実ではない。全国で学校選択制の広がりにブレーキがかかったことは、「メリット」が事実でなかったことの証拠である。

一方、懸念される「課題」として教育委員会が挙げたのは次の三つである。

- 通学区域外から通学する児童生徒の安全確保。
- 学校と地域との関係の整合性。
- 学校の施設収容面での制約。

一つ目の課題には、保護者が責任をもって安全確保をするという考えが示された。二つ目の課題については、地域との話し合いを進めていくことになった。防災や福祉などの組織は通学区域単位で組織されており、児童・生徒の通う学校が居住地から離れてしまうと地域活動に支障が及ぶと考えられたからである。三つ目の課題については、通学区域外からの入学者の受け入れ可能枠をあらかじめ各校が示すことになった。特定の学校に入学希望者が殺到すると教室が足りなくなるなどの問題が生じるからである。受け入れ可能枠は通学区域内からの入学希望者の見込み数や余裕教室の状況に応じて各校が決め、希望者が受け入れ可能枠を超えた時は抽選で入学者を決めることになった。

教育委員会は、三つの課題とは別に「その他の課題」も示した。「風評等による学校選択」である。この課題には、詳しく正確な情報提供を行うこと、通学区域内の学校を選択しなかった者の人数を公表しないこと、という対応策が示された。さらに「多くの保護者から選択されなかった学校」が現れた時は、教育委員会と区とが連携して支援するという考えも示された。

しかし、これらは有効な対応策だったとはいえない。特定の地域や学校に対する根強い予断を情報提供で拭い去れる保証はない。情報の示し方によっては風評を補強することにもなりかねない。また、通学区域内からの流出者数(通学区域内の学校を選ばない子どもの数)を伏せても風評を防ぐことにはならない。受け入れ可能枠が多いのに通学区域外からの流入者数（通学区域外から入学を希望する子どもの数）が少ない学校は、いずれにせよ「不人気」校だと見なされるからである。

結局、多くの不安と懸念を積み残したまま、学校選択制は見切り発車した。

通学区域外の学校を選ぶ率はじわじわと増えているが、今でも一割程度にとどまっている。東京の特別区で学校選択率が二、三割にのぼるのとは対照的である。おそらく大阪には地縁的な人のつながりがよく残っていて、地元の学校に愛着を感じる人が少なくないからだろう。とはいえ、制度の運用状況は区によってかなりの違いがある。ここでは人口の減っている区と増えている区について、学校選択の実情をみてみよう。

3　学校選択制はいま——広がる格差と地域の分断

人口減少区における学力の二極化

図４－２は、近年の大阪市の人口増減率を示している。大阪市内には行政区が二四あるが、人口の増減率には大きな違いがある。市の中心部や北部では人口が増加している区が目立つが

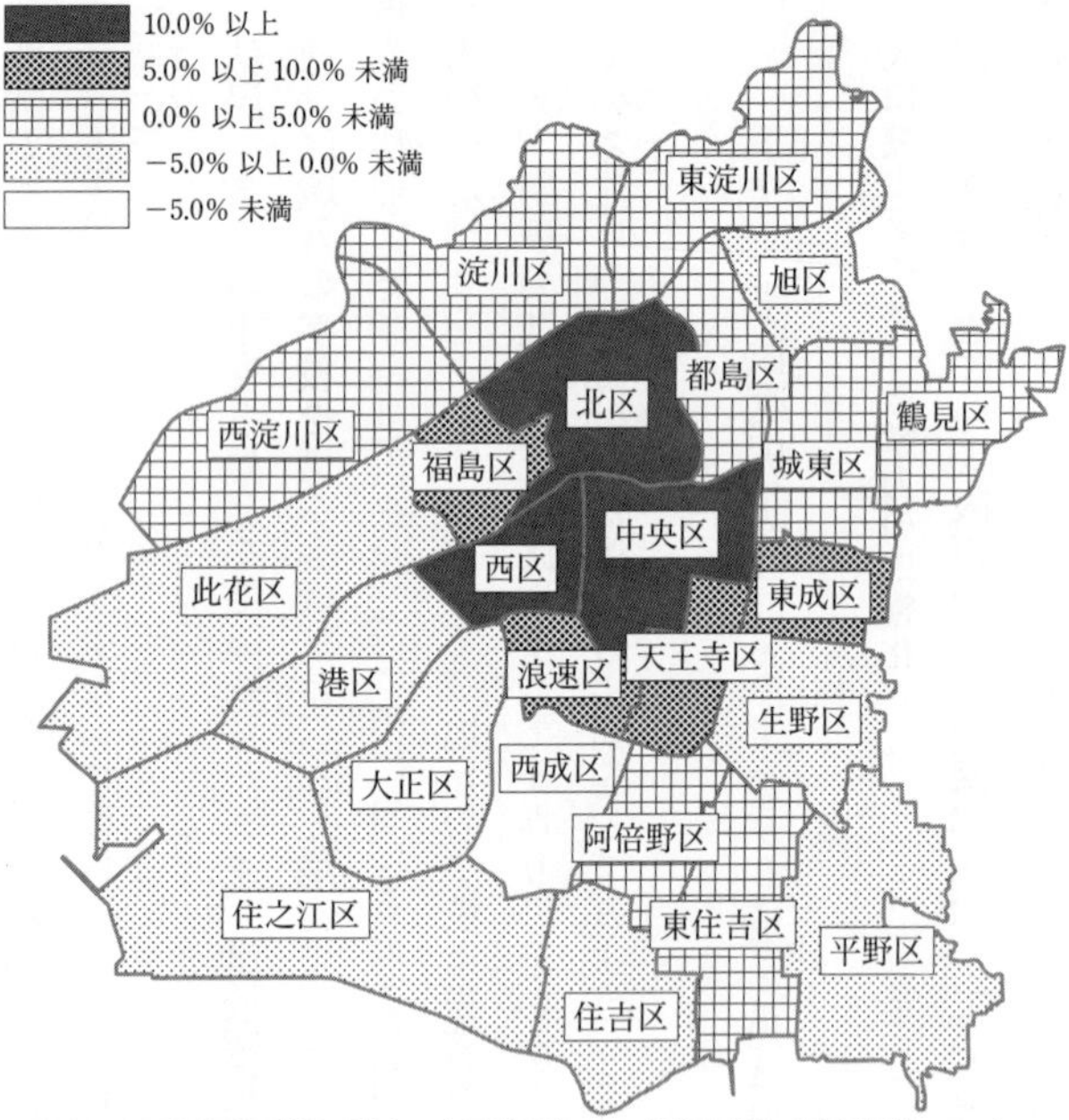

出所：大阪市計画調整局「令和 2 年国勢調査 人口等基本集計 結果概要」2023 年, 6 頁

図 4－2 行政区別人口増減率（2015 年と 2020 年の国勢調査を比較）

（北区、中央区、西区など）、市の南部には人口が減少している区が広がっている（西成区、大正区、住之江区など）。

人口が減少している区では、もとの通学区域外の学校を選択する率（以下では「通学区域外選択率」）が高い傾向がある。二〇二〇年の国勢調査によると、過去五年の人口減少率が二四区で最も高かったのは西成区（マイナス五・二パーセント）である。西成区の通学区域外選択率は、小学校で二二・三パーセント、中学校で一三・三パーセントである。二番目に人口減少率が高いのは大正区（マイナス四・七パーセント）だが、学校選択の詳しい状況が公表されていない。三番目に人口減少率が高いのは住之江区（マイナス一・四パーセント）で、通学区域外選択率は、小学校で九・三パーセント、中学校で一〇・八パーセントである（学校選択率は二〇二一年度の数字）。

人口が減少する区で通学区域外選択率が高いことは次のように説明できるだろう。人口減少が激しければ、学校は小規模化する。その分、学校は物理的には通学区域外から入学者を受け入れやすくなる。また、人口減少が激しい区は社会経済的に厳しい状況にある子どもが多く（濱元 二〇二二）、学習指導や生徒指導の課題が生じやすい傾向がある。何かのきっかけで学校が「荒れる」と子どもの教育に熱心な層は比較的「落ちついた」学校へと流出していく。

このように考えてみると、学校選択制のもとでは、学校間の学力格差や生徒指導上の困難度の違いが加速度的に拡大していくことが予想できる。現に、西成区では通学区域外からの入学希望者が多い学校（「人気」校）と少ない学校（「不人気」校）が二極化し、前者と後者の学力格差が拡大している。それを示すのが**図4-3**である。

西成区では二〇一五年度に学校選択制が始まった。その直前（二〇一四年）の区内六中学校の学力（全国学力テストの全国平均正答率を五〇とした時の数値。いわゆる「偏差値」）は、A校が最も高

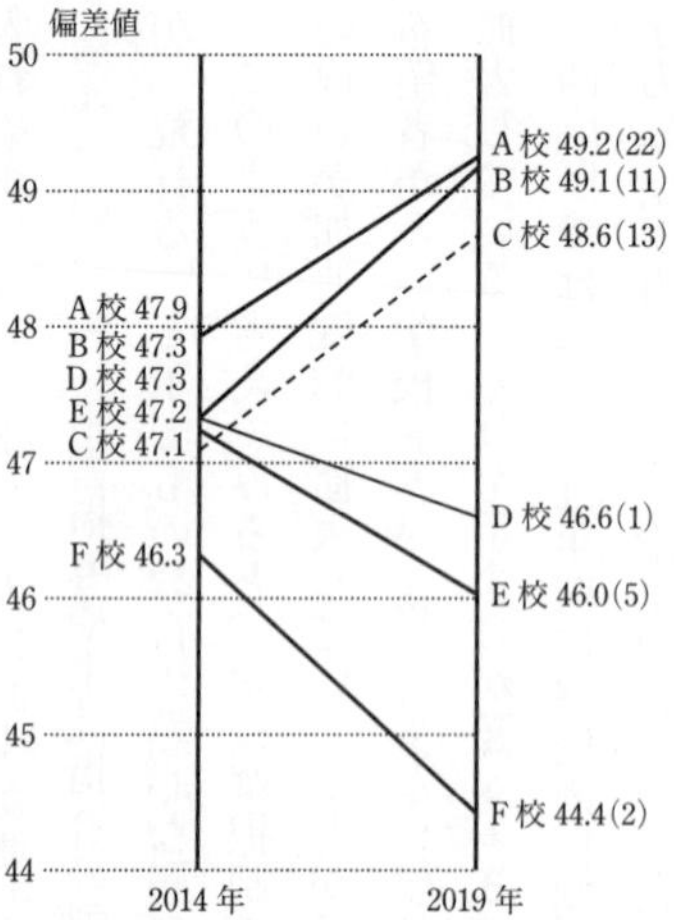

出所：志水(2021)160 頁

図 4－3 西成区の学校選択と学力との関係(中学校，2019 年度)

く、B、D、E、C校がそれに続き、F校が最も低かった。学校選択制が導入されて四年後の二〇一九年には、最も成績がよかったA校の成績がさらに伸び、中位四校は成績が上がった学校（B校、C校）と下がった学校（D校、E校）に分かれた。最も成績が振るわなかったF校はさらに成績が落ち込んだ。

この結果をもたらした主な要因として考えられるのは、生徒の流出入である。通学区域外からの入学希望者は、成績が伸びた学校では二桁（A校二二人、B校一一人、C校一三人）なのに対して、成績が落ちた学校は一桁にとどまる（D校一人、E校五人、F校二人）。

これまでの研究によると、社会経済的に厳しい状況にある子どもが多いほど、各校の学力向上は難しくなる傾向がある（高田 二〇一九）。逆の言い方をすると、通学区域外からの入学希望者が多い「人気」校は、生活が比較的安定して子どもの教育に熱心な層を「吸い寄せた」結果、成績が伸びやすくなったと考えられるのである。一方、「不人気」校では、「入学予定者の流出↓学習指導・生徒指導上の課題の増大↓入学予定者のさらなる流出↓……」という悪循環が起きているおそれがある。

人口増加区における学校選びの序列構造

西成区は貧困率が高く少子・高齢化が急速に進んでいる地域の一つである。大阪市内には、これとは対照的に生活安定層の都心回帰によって人口が増加している区もある。これらの区では学校の規模が大きくなりがちで、通学区域外からの入学を受け入れる余地が乏しい。その結果、通学区域外の学校を選択する率は低い傾向がある。人口増加率が一番高い西区(一四・五パーセント)の学校選択率は、小学校で四・七パーセント、中学校で一・八パーセントである。西区に次いで人口増加率が高い北区(一二・七パーセント)の学校選択率は、小学校で五・四パーセント、中学校で六・五パーセントである。なお、三番目に人口増加率が高い中央区は、学校選択の詳しい状況が公表されていない(学校選択率は二〇二二年度の数字)。

詳しくみると、人口増加区でも「人気」校と「不人気」校の分化は起きている。**表4-1**は、北区の学校選択状況と全国学力テストの成績(二〇二二年度の国語と数学の正答率を合計した数値)

表4-1　北区の学校選択の状況（中学校，2023年度）

中学校	学力	2022年11月時点				2023年2月時点	
		区域内希望者	区域外の受け入れ可能人数		区域外希望者	入学辞退者	受け入れ決定
A	151	183	通常学級	空き待ち	21	10	5
			特別支援学級	空き待ち	1	0	0
B	129	169	通常学級	空き待ち	2	1	1
			特別支援学級	6	0	0	0
C	133	72	通常学級	空き待ち	6	4	2
			特別支援学級	空き待ち	0	0	0
D	118	98	通常学級	3	3	0	3
			特別支援学級	空き待ち	1	0	1
E	126	173	通常学級	空き待ち	25	10	15
			特別支援学級	空き待ち	0	0	0

を示した表である。北区では区内五つの中学校から入学したい学校を選べる自由選択制をとっているが、区域外希望者が受け入れ可能枠を超えた学校については抽選が行われている。なお、各校で通学区域外の学校を選択した人の数は公表されていない。

当初のA中とE中の受け入れ可能枠は「空き待ち」だった（二〇二二年一一月）。にもかかわらず、両校の通学区域外からの入学希望者は二〇人を超えた。区のホームページによると、両校は毎年かなりの数の私立・国立中学進学者が入学を辞退するため、当初の受け入れ可能枠がゼロであっても区域外入学者を受け入れることがあるようである。最終的には、通学区域外からの受け入れ決定人数は、

A中が五人、E中が一五人となった(二〇二三年二月)。

一方、B、C、D中も区域外からの受け入れ可能枠がほとんどなかったが(B中は特別支援学級六人、C中はなし、D中は通常学級三人)、三校とも通学区域外からの入学希望者は一桁にとどまった。

学力テストの成績はA中が最も高い。C、B、E中がほぼ同じ水準でそれに続く。D中の成績は大阪市全体(一一六)を上まわってはいるが、五校の中では最も低い。西成区ほど極端ではないが、「人気」校と「不人気」校の間にはやはり学力格差が認められる。

学校選択と入学辞退者の動向からは、一部の私立・国立校の志願者が、不合格だった時の「滑り止め」として公立校の学校選択制を利用していることがうかがえる。人口が増加する区で学校選択の率が低い主な理由は、通学区域外からの受け入れ可能枠が限られていることにある。そのような制約の中で、「人気」校は、私立・国立校への入学者が「流出」したあと、区域外からの入学者を受け入れているようにみえる。限られた地域での動きではあるが、「私立・国立校↓人気の市立校↓不人気の市立校」という学校選びの序列構造ができあがっているのかもしれない。

実情がつかみにくい「風評」による選択

では、どのような人がどのような理由で通学区域外の学校を選ぶのだろうか。正直なところ、本当のことはよくわからない。市内二四区は学校選択制の現状についてのアンケートを二〇二〇年度から二〇二一年度にかけて行い、保護者に学校選択の理由も尋ねた。しかし、区域外の学校を選ぶ理由はなぜか集計されていない。

二四区のアンケートとは別に、二〇二一年度に教育委員会が実施した「学校選択制における保護者アンケート」によると「「全国学力・学習状況調査」や「全国体力・運動能力・運動習慣等調査」の結果等」を学校選びの参考にしたと回答した中学生の保護者は、校区の学校を選んだ人で三二・八パーセント、校区外の学校を選んだ人で三九・二パーセントだった。これは「部活動の状況」(それぞれ四六・七パーセントと五六・〇パーセント)に次ぐ率である。ただし、これは複数の選択肢から該当するものをいくつも選ぶ回答形式なので、様々な情報がどの程度の重みを持って保護者や子どもに受け止められているのかはよくわからない。また、「学力」と「運動能力」という性格の異なることがらを一つの質問で尋ねるなど、選択肢のつくり方にも問題がある。

とはいえ、いくつかの調査の結果をつなぎ合わせてみると、あえて本来の通学区域外の学校を選択する動機を推しはかることはできる。

私は学校選択制の導入二年目の二〇一五年に、通学区域外からの入学希望者が受け入れ可能枠を大きく上まわった学校の関係者に「人気」の理由を尋ねたことがある（高田 二〇一六）。関係者が指摘したのは、①区の中央部にあり、区内のどこからでも徒歩通学ができる、②最近統合された学校で、施設が周辺校よりも比較的新しい、③「授業が落ちついている」「学力や進学実績がよい」といった評判が地域に定着している、④生徒に人気のある部活動がいくつかある、⑤学級増による教職員の確保を視野に入れ、生徒増をねらって校区外からの受け入れ可能枠を設定して学校説明会等も充実させた、である。

⑤は学校間で生徒の獲得競争が起きていることを示唆しているが、各校は対等な条件のもとで競争しているわけではない。⑤の学校の努力が実を結ぶのは、①②③④のような条件に恵まれているからである。これらの条件を教師の努力だけで変えることは難しい。特に③のような「風評」はとらえどころがない分、対処が難しい。学校も教育委員会も公式には特定の学校に対する好印象・悪印象が広まっていることを認めていないし、保護者も印象で学校を選んだとはいわないからである。

そもそも風評にはこれといった根拠がない。だが、風評を「根も葉もないうわさ」で片づけるわけにはいかない。風評は一人ひとりの行動に大きく影響するからである。風評が学校選択を左右することは、大阪に先だって制度を導入した東京でも指摘されている(嶺井・中川 二〇〇五)。

住まい・学校選びにおける忌避意識の影響

風評は住まい選びにも影響を与えている。大阪市が定期的に実施している人権意識調査では、住宅を買ったり借りたりする時に特定の地域(同和地区、小学校区が同和地区と同じ区域になる地域、生活困難者が多い地域、外国人が多い地域、精神科病院や障害者の施設がある地域)を避けるかどうかを尋ねている。**図4-4**は二〇二〇年度に実施された調査の結果である。

調査では、これらの地域を「避ける」(「避けると思う」と「どちらかというと避けると思う」)と回答した人に、その理由も尋ねている。「学力の問題などで、こどもの教育上、問題があると思うから」を忌避の理由として挙げた人は一八・七パーセントである。年齢別にみると、小・中学生の保護者世代にあたる三〇代と四〇代ではそれぞれ二六・九パーセントと一九・五パーセントだった。

かつて私は、強い偏見のために「忌避」されてきた大阪市内のある地域で聞き取り調査をし

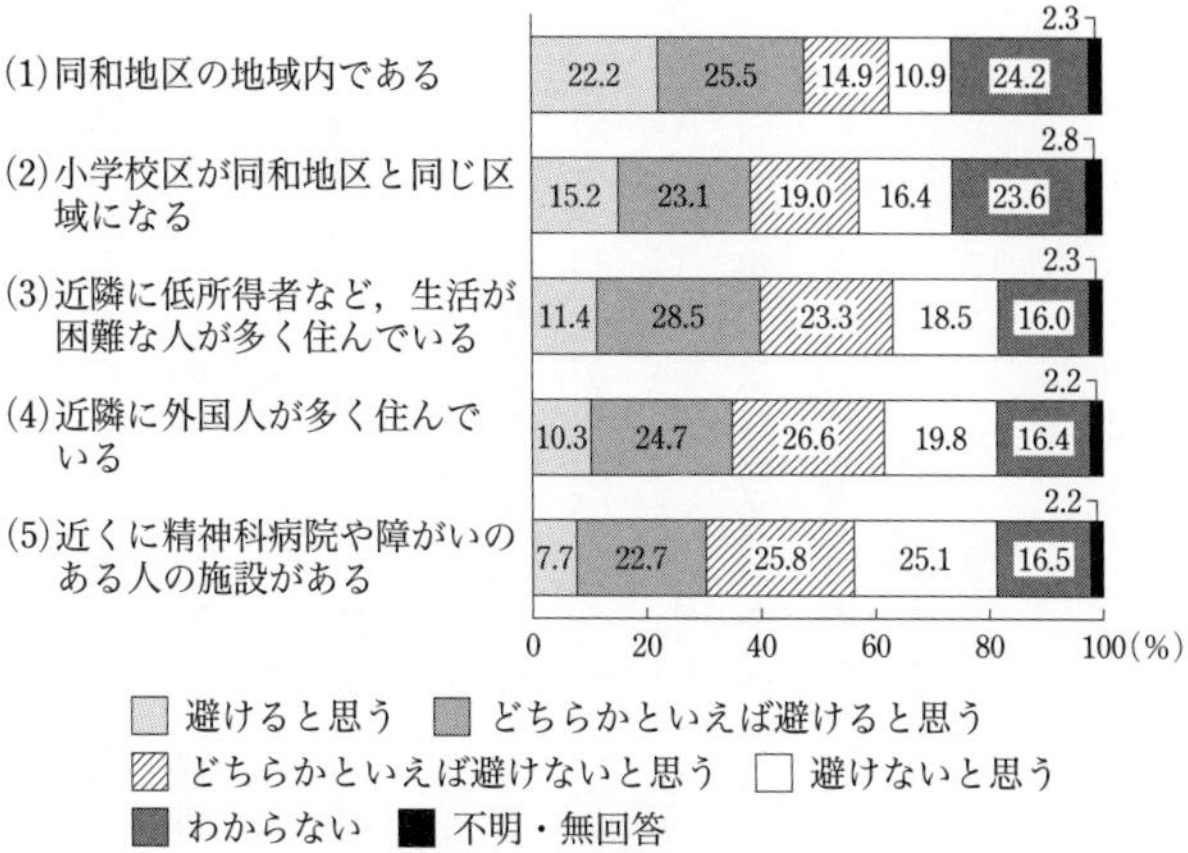

出所：大阪市「人権問題に関する市民意識調査(令和2年度実施)」2022年，74頁

図4-4　住宅を選ぶ際の特定地域への忌避意識

たことがある(高田 二〇一六)。ある地域住民は次のように証言してくださった。

「子育て世代が住む建物も建たないような状況でしょ。それではね、まちが死んでいくんですよ。入学予定人数というのがあるんですよ。ところがだんだん入学式が近づいてくると(予定者が転出して)少なくなっていくんですよ。親御さんにしたら、小学校一年生の子どもをこういうところに通わすのは不安やと」　(二〇一五年三月)

実際、この地域の小・中学校は極端に小規模化していた。学校の統廃合は待ったなしだった。聞き取りからほどなく、この地域に施設一体型の小中一貫校が開校した。新しい学校は設備もスタッフも充実して前評判も高く、もとの通学区域外からもたくさんの入学希望者を集めるようになった。「人気」校だといってよい。しかし、この学校の周辺には通学区域外からの入学希望者がほとんどいない「不人気」校が現れてしまった。今も「人気」校と「不人気」校の入学希望者の差は開いたままである。

学校選択制のもとでは、特定の地域に対する予断と学力テストの成績公表とが結びついて、住まい選びと学校選びという二つの選択行動が引き起こされている(中西 二〇一九)。それらの選択は、一人ひとりの意思を超えて、地域を衰退させたり、学校の困難を助長したりするおそれがある。個人が我が子のために良かれと思って行う選択は、積もり積もって社会に分断と格差をもたらしているのではないだろうか。

新自由主義的な教育改革を進めたイギリスのサッチャー首相は、雑誌のインタビューに答えて「社会などというものは存在しない」と述べたことがある。存在するのは個人と家族だけだというのだ。学校選択制はまさに社会という視点を欠いた制度である。

第5章　高校の淘汰と進路保障の危機

——入試制度改革と再編整備

この章では、高校の入試制度改革と再編整備を取り上げる。前章と同じく、生徒や保護者の「選択」と学校間の「競争」が改革のキーワードなのだが、義務教育段階と高校とでは大きく事情が異なるところもある。

小・中学校の通学区域制度のもとでは、子どもが通う学校ははじめから決まっている。入学者を集めるために学校同士が競争することもない。学校選択制はあくまでも例外的な制度である。一方、高校段階では、生徒は学校を自分の意思で選ぶことになっている。実際には学力による選抜があり、家庭の経済力や近隣にある学校の種類と数によっても選択には制約が加わる。しかし、学校を選ぶこと自体の是非が問われることはない。

生徒や保護者が学校を選ぶ機会を増やしていけば、学校は選ばれるために努力するようになる。その結果、全体として教育の質はよくなり、一人ひとりの教育を受ける権利も保障されるようになる。制度上、高校段階では、このような考え方が受け入れられやすい土壌があるといえる。

以下では、まず、第2章でも触れた人権・同和教育における進路保障の歴史を振り返る。ついで、高校の授業料無償化や調査書(内申書)の公平性を確保するためと称して行われてきた

「チャレンジテスト」の動向を振り返り、高校の入試制度改革と再編が生徒の進路に及ぼしている影響を考える。

1　人権保障としての進路保障

未来を保障する教育

「進路保障」という言葉は、一九六〇年代に同和教育研究の全国組織「全国同和教育研究協議会(全同教)」に集う教師たちの間で使われるようになった。進路の「指導」ではなく進路の「保障」と言ったのは、生徒の進路をめぐる教育課題を人権保障の課題としてとらえ直そうとしたからである。

全同教は一九六四年の研究大会で「進路指導」の分科会名を「進路指導・保障」に改め、さらに一九六八年に「進路保障」に改めた。また、一九六五年の大会からは「差別の現実から深く学び、生活を高め、未来を保障する教育を確立しよう」というスローガンを掲げるようになった。同和教育の目標は教育の先にある「未来」の生活を確かなものにすることにある。その目標を達成するための取り組みが進路保障である。

当初、進路保障の重点課題は中学卒業後の就職差別をなくすことにあった。その後、課題は高校進学、高校中退の防止、高校卒業後の就職差別の撤廃、大学進学へと広がっていった。その対象も部落出身者だけでなく在日外国人や障害者をはじめとする様々なマイノリティ集団へと広がっていった。そして登場したのが「進路保障は同和教育の総和」という理念である。

卒業生の進路には、それまでの様々な教育実践の成果と課題が集約的に現れる。教師たちはそのような意味を込めて「総和」と言ったのである。同和教育論を専門とする中野陸夫の研究(中野 二〇〇〇)などを参考にして、「総和」の意味を三つの視点から整理したい。

「総和」とは何か

第一に、進路保障は、卒業時の進路選択に至るまでの条件整備や卒業後のフォローアップも含む取り組みである。小・中学校段階の基礎学力の保障は進路保障の前提である。採用選考時の身元調査や面接時の不適切な質問をなくして公正な採用選考を実現することも進路保障の課題である。一九九〇年代までは進学先・就職先での卒業生の状況を関係者で共有して、中退や早期離職を防ぐ「追指導」の取り組みも盛んに行われた。二〇〇〇年代以降は働くことの意味や自分と社会の関係を考えるキャリア教育に取り組む学校も増えている。いくら進学や就職の機会が開放されても、自分の適性を理解し、進路について目的意識を持っておかないと、それらの機会を十分に活かすことはできないからである。

第二に、進路保障は、教育関係者と行政・企業などの連携・協力のもとで進められ、教育や雇用に関わる制度や慣習を変えてきた。ここで特に注目したいのは進路保障の観点からの高校改革である。大阪で一九八〇年代に新設された高校には、ユニークな入学者選抜や教育課程を持つ学校が少なくない。例えば、知的障害のある生徒向けの「知的障がい生徒自立支援コース」、「日本語指導が必要な帰国生徒・外国人生徒入学者選抜」、社会と学校のつながりを重視した学科の設置や教育課程の編成（総合学科、デュアルシステム）、義務教育段階の学び直しを重視した「エンパワメントスクール」などである（菊地 二〇一二、山本・榎井 二〇二三）。

第三に、進路保障は、どの学校に行くかだけでなく、どのような人生を送るのかを生徒に問うてきた。「進路で大切なのは「行き方」よりも「生き方」だ」。私はかつてこんな言葉を教師から聞いたことがある。進学するにせよ、就職するにせよ、人権学習を通して学んだことを活かして生きていってほしいという願いを表した言葉である。一九七〇年代には、ともに学んだ障害のある友との関係が中学卒業後に断ち切られることを問題視した中学生が署名運動をし、その声を受けた高校が障害のある生徒を「準高（校）生」として受け入れるといったこともあった。そうした運動から生まれた制度が先の「知的障がい生徒自立支援コース」である。「障害をもつ仲間とともに歩む若者のつどい」といったイベントが高校生・若者から実行委員を募って開催されてきた地域もある。学校教育におけるインクルージョン（包摂）は社会生活におけるインクルージョンを用意したのである。

幼少期から大人になるまでの育ちを一貫したものとしてとらえ（第一の視点）、差別による排除や能力による選別を克服する制度改革を進め（第二の視点）、生徒に生き方を問い社会に新しい価値をもたらす（第三の視点）。これらの取り組みが全体として実を結んだ時に生徒の「生活を高め、未来を保障」することができる。これが進路保障のコンセプトである。

「自由に学校選択できる機会」とは

大阪で実施された高校入試制度改革のねらいは、「生徒が自らの希望や能力によって自由に学校選択できる機会を提供」することにあるという（大阪府「高校等の授業料無償化の拡大【詳細資料】」二〇一一年三月）。

このねらいにある「自由な選択」とはいったい何だろうか。「自由な選択」の先に待っているのはどのような進路と社会なのだろうか。ここで考えるべきポイントは二つある。一つは選択の制約について、もう一つは選択の弊害についてである。

一口に「進路を選ぶ」というが、進路選択は完全な自由意思によるものではない。進路希望は学校や家庭の教育環境に左右される。学費のことを心配して進学先を考え直したり就職したりすることはよくある。女性の進路が文系や介護・看護・保育などのケア労働に偏ることも知られている。受験生の最大の不安は志望校に合格できる学力があるかということだ。決して、誰もが自由に進路を選択できるわけではない。選びたくても「選べない」生徒や限られた選択肢から「選ばされる」生徒はたくさんいる。

私は、最近、他の研究者仲間と一緒に高校生や若者に進路についての聞き取り調査を行った。学力的にも経済的にも厳しい状況にある高校生には「この学校しかなかった」とか「この学校なら入れそうだったから」と述べる例が多い。私はそれがとても気になった。ある高校生は「今の高校に行こうと思ったのはどうして?」と尋ねられ、こんなふうに答えてくれた。

「アホやから、そこしか入れんくて。〔中略〕A高校とB高校とC高校で迷っててんな。C高校はお金(学費)が高くて、やめとこうってなって。A高校はかわいい子がいっぱいおるし、近いしええやんと思ってたら、B高校にしなさいみたいな、先生と俺の母ちゃんか

ら言われてな」（二〇二二年七月）

「アホな（頭が悪い）学校」はこの年頃の生徒がよく口にする言葉である。自分と自分の学校を卑下する気持ちはなんとも切ない。結局、彼の進路選択の決め手になったのは、自分の学力と家庭の経済力である。それ以外に何か積極的な理由があったわけではない。先に進路保障は進路選択の条件整備をも含むと書いたが、基礎学力の保障、進路に関する動機づけ、経済的格差の是正などの重要性を示唆する例である。

「自由な選択」が引き起こす不登校・中退

聞き取り調査では、選択肢の拡大が進路に悪い影響を与えている例もみつかった。大阪府では普通科の学区が二〇一四年度の入試から廃止され、府内のどこの学校も受験できるようになった。ある地域住民は、その中で新たに起きている問題を指摘してくれた。

「今、大阪府はどこでも受けられるようになったので、（近くにある）D高校があぶなくても、ちょっと下に落として（遠くの高校にも）行こうと思えば行ける。〔中略〕進学率だけでいくと以前より高いはずです。ただ、卒業までってなると難しい子も多いかな」

（二〇二一年九月）

近年の大阪府では、少子化が進んでいることに加えて、入学者を公立から私立へと誘導するような政策がとられているため、府立高校の定員割れが続出している。だから、学力に不安のある生徒の中には遠方の定員割れの高校をねらう者も出てきている。だが、せっかく高校に入学しても、遠距離通学の負担が大きかったり、中学時代の知人が少なく学校に馴染めなかったりして、不登校になったり、中退したり、別の高校に編入したりする例が少なくないのだという。

学力的・経済的に厳しい状況にある生徒にとっては、選択の「自由」は不登校や中退の「自由」にもつながってしまう。次の章で詳しく述べるが、二〇二二年度の大阪府の高校の不登校率は全国で一番高く（一〇〇〇人あたり三一・八人）、中途退学率は全国で六番目に高い（一・六パーセント）。改革が始まってから十数年も経つのに、である。

「自由に選択できる機会」を推し進める政策の中では、進路選択を左右する条件や不適切な選択に伴うリスクには関心が向きにくくなる。進路は人権として「保障」されるものではなく、自助と自己責任で「選択」するものだと考えられているからである。

2　淘汰される高校、狭められる進路

目まぐるしく変わる制度——入試制度改革と授業料無償化

橋下府政の誕生後、大阪の高校入試制度は目まぐるしく変わった。その主な出来事を示したのが**表5-1**である。なお、表の「年度」は入学の年度を指している。

大阪府の公立高校普通科の学区はもともと九つに分かれていた。学区は二〇〇七年度の入試から四学区に統合され、二〇一四年度の入試から学区が撤廃された。制度上は、大阪府に住む生徒は府内のどの高校にも通えることになった。

入試の時期も変わった。かつて専門学科は前期で、普通科は後期で入試を実施していたのだが、二〇一三年度の入試からは普通科の定員の一部が前期でも選抜されるようになった。さらに二〇一六年度には前期と後期の区分がなくなり、一部の例外を除いて入試期日は一本化された。

公立高校と私立高校の入学者の比率も見直された。従来は高校進学希望者数の推計をもとに

表 5-1　入試制度改革と高校再編

年度	変更点・事項　**【府立学校条例・高校再編整備計画】**
2009	前年 6 月に橋下府政が決めた私学助成金の大幅カットを受け，私学の授業料が上がり，公立高校の競争率が上昇.
2010	国の制度として公立高校の授業料無償化が開始. 府独自の私立高校の授業料無償化も開始.
2011	私立高校の授業料無償化の拡充がなされる. 府立高校における文理学科の設置. 前期・後期入試の再編. 公立 7：私立 3 の入学者枠の撤廃. **【2012 年 3 月，府立学校条例が可決. 定員割れの高校の再編整備について定める.】**
2013	府立高校の普通科の一部で前期入試を実施. **【2013 年 11 月，「大阪府立高等学校・大阪市立高等学校再編整備計画」策定. 計画期間は 2014〜18 年度. 期間中に 8 校が募集停止に.】**
2014	府内に 4 学区を設けていた学区制度を撤廃. 国の制度として，「高等学校等就学支援金制度」が開始.
2015	2015 年 4 月，2016 年度からの「絶対評価」による内申点評定(公立高校)実施に向けて，全国学力・学習状況調査のテスト結果(中 3)を内申点の学校別基準点の設定に用いることを実施直前に発表. 2016 年 1 月，府内の公立中学校(1，2 年生)でチャレンジテストが本格的に開始.
2016	公立高校の入試前期・後期の区分を廃止し，一般選抜に一本化. 内申点の「相対評価」(集団に準拠した評価)から「絶対評価」(目標に準拠した評価)への移行.「大阪市中学 3 年生統一テスト」開始. 成績上位者に内申点の高評価を保障. テストは 2020 年度限りで廃止.
2017	中学校 1〜3 年のチャレンジテストを用いた公立高校入試の内申点の仕組みが完成.
2018	**【2018 年 11 月，「大阪府立高等学校・大阪市立高等学校再編整備計画」策定. 計画期間は 2019〜23 年度. 期間中に 9 校が募集停止に.】**
2022	**【2023 年 1 月，「大阪府立高校再編整備計画」策定. 前計画が 1 年前倒しで達成できたので，計画期間は 2023〜27 年度となる. 期間中に 9 校の募集停止を計画.】**
2024	府立・私立高校で所得制限のない高校授業料無償化.

出所：前馬(2018，77 頁)の表を加筆・修正

公立七：私立三という入学定員枠を公立高校と私立高校が話し合って決めていたのだが、その枠は二〇一一年度からなくなった。

これらと並行して、大阪では授業料無償化措置が拡大された。国が「高等学校等就学支援金」の制度をつくって所得制限つきで公立高校の授業料を無償化したのは二〇一〇年度、私立高校の授業料の無償化措置を始めたのは二〇一四年度である。大阪ではそれに先駆けて二〇一〇年度に「私立高等学校等授業料支援補助金」が設けられ、私立高校の授業料無償化が進んだ。なお、二〇二四年度からは、公立・私立を問わず所得制限なしの授業料完全無償化が段階的に導入されている。

入試制度改革や授業料無償化は、地域（学区）、学校の種類（普通科、専門学科、総合学科）、設置者（公立と私立）の枠を取り払って、生徒に幅広い選択肢を提供するために行われたとされる。だが、先にみたように、誰もが自由に選択できるわけではないし、選択には弊害が伴うこともある。

学校間競争の激化——府立学校条例と私学助成の制度変更

生徒の選択肢の拡大は、学校にとっては入学者獲得競争が激しくなることを意味した。

私立高校の授業料無償化措置が拡充され、公立と私立の七：三の入学定員枠がなくなった二〇一一年度の入試では、公立高校全体で一四〇〇人あまりの定員割れが起きた。定員割れした高校は全日制・定時制を合わせて六〇校に上った。その後、公立高校の定員割れは、いったんは落ちついた。だが、この一〇年あまりで、授業料無償化措置の拡充によって入学者が私立高校へと誘導され、定員割れの続く公立高校は「再編整備」の対象になった。二〇二三年度までに募集停止となった公立高校は一七校にのぼる。ついに二〇二四年度の入試では公立高校の約半数にあたる七〇校が定員割れに陥った（定時制・通信制は除く）。

私立高校も安穏としてはいられない。二〇一一年からは私立高校の助成金を生徒一人あたり（パーヘッド）の単価にもとづいて配分することが原則となった。学校設備や教職員の人件費などは規模の大小にかかわらず、ある程度の額を確保しなければいけないから、小規模校ほど生徒一人あたりの教育費は高くなりがちである。パーヘッド制はそうした事情を考慮しない。入学者を集めやすい学校がますます有利になる制度である。

私立高校の助成では実績（パフォーマンス）評価にもとづく特別加算も行われるようになった。難関大学への進学、スポーツの全国大会出場、就職状況の改善などの実績を上げれば、助成が上乗せされるのである。こうして私立高校もいっそうの「経営努力」を求められるようになった。

学区の撤廃、入試期日の一本化、授業料無償化措置の拡大によって入学者獲得をめぐる競争的環境をつくり出す。そして、公立校の再編整備計画と私学助成の制度変更によって各校に「経営努力」を促す。このようにして学校同士の競争が加速されてきたのである。

競争がもたらしたもの——セーフティネットのほころび

公立高校と私立高校を一つの土俵の上で競わせる。この発想は、私立高校の授業料無償化措置の開始にあたって、二〇一〇年夏に橋下府知事(当時)が発したメッセージ「「教育」への私の思い」に示されていた。

メッセージの冒頭、知事は治安の悪化や失業などをはじめとする「大阪問題」を指摘し、それらの解決には教育への投資こそが必要だと説いた。さらに教育を「階層移転」(専門用語では「階層移動」)。学力や学歴を身につけて生まれ育った家庭の階層から「上」の階層に移ることは上昇移動という)の「最も効果的なツール」だとし、「大阪問題」の解決と「階層移転」の促進のために中間層をターゲットにした施策が必要だと説いた。そうした施策の具体例が私立高校の授業料無償化措置だったわけである。

国の授業料無償化の目的は保護者の教育費負担を減らすことである。だが、大阪府では、授業料無償化措置は、他の施策との組み合わせによって、高校に「経営努力」を促す手段となった。メッセージで知事は次のように述べている。

この制度の導入によって、いよいよ、公私が切磋琢磨するための同一の土俵ができあがる。これからは、公立も私立も、誰が設置者かではなく、学校そのものが生徒や保護者から選択される存在でなければ生き残れない。もはや、「公私七・三枠」で生徒が入学してくるという状況は保障されない。大阪の学校勢力図は大きく塗り替わる。それぞれの学校が、徹底して自らの特色や魅力を高め、懸命にそれをアピールする。生徒獲得のために奔走する。こうした切磋琢磨が生じ、大阪の幅広い層、まさに「ボリュームゾーン」の教育を担う学校の質が高まり、全体として大阪の高校教育の質が格段に向上すると確信。〔後略〕（中西　二〇二〇、一〇四頁）

公立と私立の競争の結果、公立と私立の入学者の割合はおよそ六：四になった。公立と私立の「学校勢力図」は塗り変わったのである。今後、所得制限のない授業料完全無償化措置が続けば、私学のシェアはさらに大きくなるだろう。近い将来、公立と私立の入学者の比率は逆転するかもしれない。

このように全体としては私学の存在感が増しているのだが、詳しくみると公立高校の中でも競争の勝者と敗者のコントラストが目立ってきた。少子・高齢化が進んでいることを考えると、これまで通りの数と規模の高校を維持することは現実的でない。高校の再編は避けられない課題である。問題はどのような高校が再編の対象になったかである。

「生徒獲得」の実績を端的に示しているのが志願倍率である。難関大学への進学に力を入れる「文理学科」は多くの志願者を集め、高い入試倍率を維持している。二〇二四年度の文理学科一〇校の平均倍率は一・三二倍である(最高で一・五二倍、最低で一・一一倍)。一方、再編整備計画で「セーフティネットの役割を担う高校」と位置づけられ、中学校までの学習内容の学び直しを重視した「エンパワメントスクール」や「ステップスクール」は入学者確保に苦戦している。これら八校の平均倍率は〇・九五倍である(最高で一・一九倍、最低で〇・七八倍)。今後、教育課程のさらなる改編や統廃合は避けられそうにない。セーフティネットはほころびかけているのだ。

こんなことでは、到底、「全体として大阪の高校教育の質が格段に向上」したとはいえない。

あるいは定員割れになるのは学校の「質が悪い」からであり、そうした高校が淘汰されれば全体として高校教育の「質が向上する」とでも言いたかったのだろうか。しかし、高校が淘汰されて困るのは、そうした高校によって支えられるはずだった生徒たちである。

3　チャレンジテストは中学校教育にどう影響したか

「学校対抗戦」としてのチャレンジテスト

チャレンジテストとは、大阪府の中学一～三年生が毎年受ける大阪府独自のテストである。各校の成績は、高校入試に際して作成する調査書(内申書)の「評定平均の範囲」を定めるために使われる。

一般的に、高校入試の合否判定は、筆記試験の成績と調査書(内申書)の内容を総合的に評価して行われる。**図5-1**は大阪府の調査書の様式である(調査書などの様式と資料は、大阪府教育委員会のホームページで公開されている)。

「(1)各教科の学習の記録」は1から5の五段階で記される。教科ごとに普段の学業成績を五段階で示したものが「評定」である。評定を何倍かして九教科の持ち点が算出され、さらに

(様式151) A４判　　　　　　　　　　　　　　　＜特別・能勢分校・一般・二次選抜用＞

※印は、志願先高等学校で記入する。

令和3年度

調　査　書

成績一覧表の番号		受験番号	判　定
1年		※	※
2年			
3年		追検査	追検査

入学者選抜の種類		課　　程	

ふりがな		性別	昭和　・　平成
名　前			卒　業 卒業見込み

(1)　各教科の学習の記録

教科＼評定		1年	2年	3年
必修教科	国　語			
	社　会			
	数　学			
	理　科			
	音　楽			
	美　術			
	保健体育			
	技術・家庭			
	英　語			
	＊	＊	＊	＊
合　計				
＃評定の段階		段階	段階	段階

(2)　活動/行動の記録

本書の記載事項に誤りのないことを証明する。

学校所在地

中学校名

校長名印

＊印は空欄のままとすること。＃評定の段階は、調査書作成ソフトから出力されたままとすること。

図５－１　調査書の様式

持ち点の合計をもとに一人ひとりの「評定の段階」が算出される。なお、この計算は複雑でミスが起きやすいので、調査書は教育委員会が指定するソフトウエアで作成する決まりになっている。調査書の欄外に「評定の段階は、調査書作成ソフトから出力されたままとすること」とあるのは、ソフトがはじき出した数字を勝手に書き換えないようにという注意書きである。

一方、「評定平均の範囲」は、チャレンジテストの学校全体の成績で決まる数字である。後で説明するように、テストの成績が良い学校は「範囲」が高めになり、成績が悪い学校は「範囲」が低めになる。各校は全生徒の「評定平均」が各校に割り当てられた「評定平均の範囲」に収まっているかどうかを確認する。そして「平均」が「範囲」をはみ出している時は、一人ひとりの評定を上げたり下げたりして、「平均」を「範囲」に収めるように調整するのである。

説明がくどくなった。簡単に言おう。一人ひとりのチャレンジテストの点数は本人の評定に直結しない。評定はあくまでも普段の学習状況にもとづくものである。だが、チャレンジテストの平均点が高い学校では「評定平均の範囲」が高くなり、平均点が低い学校では「評定平均の範囲」が低くなる。つまり、チャレンジテストという「学校対抗戦」で良い成績をおさめた学校の生徒は高い評定を得やすくなり、入試本番の「個人戦」を有利な条件で闘えるようになるのである。

教師の評価はあてにならない？

チャレンジテストは、調査書の評定を「相対評価」から「絶対評価」に切り替えるのにあたり、評定の公平性を確保するためと称して導入された。相対評価とは一人ひとりの生徒が集団のどの辺に位置するかでみた評価である。絶対評価とは学習目標の到達度による評価である。前者は「集団に準拠」した評価、後者は「目標に準拠」した評価だともいえる。

学校間には大きな学力格差が存在する。相対評価（集団に準拠した評価）のもとでは、同じ程度の学力の生徒がA中では評定3となりB中では評定5となるようなことも起きる。だから相対評価は不公平だというのが絶対評価（目標に準拠した評価）を支持する人たちの言い分である。

チャレンジテストは二〇一五年一月に中学一、二年を対象に始まった。二〇一五年の春には、全国学力・学習状況調査の成績を中学三年生の「評定平均の範囲」を定めるために活用することが調査実施の直前に決まった。調査の趣旨に反するとして文科省からは「待った」がかかったが、府はこの措置を強行した。

図5-2に示すように、二〇一五（平成二七）年度に中学生の全国学力テストの成績は急上昇し（数字は全国平均を1とした時の数値）、翌年には下落に転じた。推測でしかないが、自校の

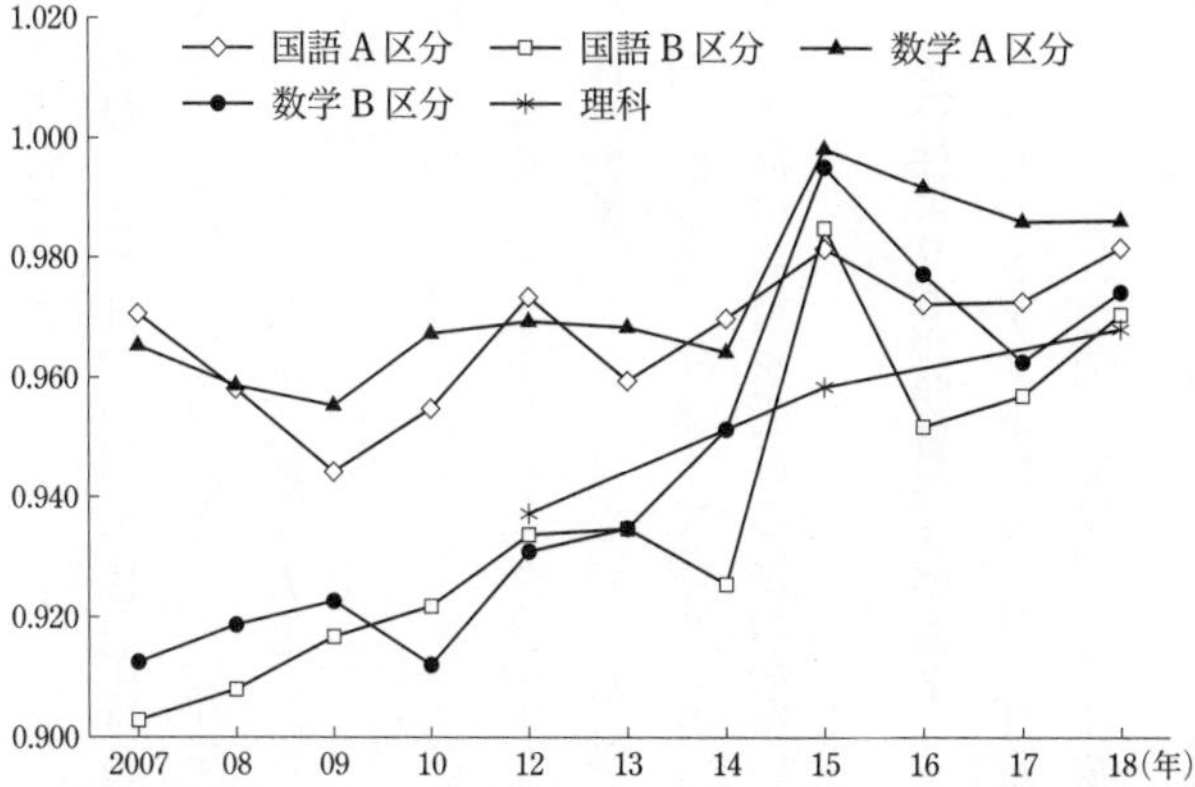

出所：大阪府教育庁「平成 30 年度全国学力・学習状況調査 結果概要」2018 年

図 5－2　全国学力・学習状況調査の結果(中学生，2007〜18 年度)

「評定平均の範囲」を押し上げるための「事前対策」がかなりの学校で行われたのかもしれない。三年生の「評定平均の範囲」を決めるために国のテストを活用したのはこの年限りで、翌年度は全学年でチャレンジテストが始まった。中一は国・数・英の三教科、中二と中三は国・社・数・理・英の五教科である。

繰り返しになるが、調査書(内申書)の評定は、定期テスト、提出物、日々の学習態度などをもとに各教科の担当教師がつける。評定は一年間の学習の総合的な評価である。このことは全国どこでも変わらない。だが、大阪では、日常の評価にもとづく「評定」の平均がチャレンジテストの成績にもとづく「評定平均の範囲」に収まるよう、一人ひとりの評点を上げ下げする「調整」が行われるようになった。

実際にどれほどの調整作業が行われているのかはよくわからない。報道によれば、二〇一五年度で評定が修正された一、二年生は延べ約二万一〇〇〇人(テストの受験者は約一三万九〇〇〇人)、二〇一六年度は約一万七〇〇〇人(同約一三万三〇〇〇人)であった(『毎日新聞』電子版二〇一八年一月一〇日)。また、二〇二二年度の三年生は、約三パーセントの学校で評定の再検討がされたという(NHKニュース、二〇二三年九月五日)。

これらの数字を多いとみるか少ないとみるかは議論が分かれるだろう。だが、私が心配するのは「調整」の量ではない。「教師の評価はあてにならない」という暗黙のメッセージが教育現場に広がり、テストで測定できない生徒の資質や能力が軽視されたり、テストで点数をとれない生徒の教育を受ける権利がないがしろにされたりすることの方が心配である。

応答性よりも説明責任を優先?

チャレンジテストにもとづく評定の仕組みは、学校現場にどのような影響を与えているのだろうか。これに関しては、すでに教育社会学者の濱元伸彦と前馬《まえば》優策《ゆうさく》による分析・考察がある(濱元 二〇一八、前馬 二〇一八)。それらを参考にしながら詳しくみていこう。

表5－2　評定平均の範囲

［例］中学1年生の府全体の評定平均が3.46の場合の「**評定平均の範囲**」

	X中学校	Y中学校	府全体
中1チャレンジテストの平均得点	57.0点	63.0点	60.0点
中1チャレンジテストの対府比【A】	0.95	1.05	1.00
評定平均の目安【B】（「府全体の評定平均」×【A】）	3.29	3.63	3.46
評定平均の範囲（【B】±0.3）	2.99〜3.59	3.33〜3.93	―

出所：大阪府教育庁「大阪府立高等学校入学者選抜における調査書評定の府内統一ルールのお知らせ」2023年

表5－2は、保護者に調査書評定のルールを説明する文書に載っている表である。X中学とY中学には、チャレンジテストの平均得点にもとづいて「評定平均の範囲」が割り当てられている。X中は二・九九～三・五九、Y中は三・三三～三・九三である。各校はこの範囲に収まるよう、評定を調整する決まりである。保護者に対しても、大阪府教育委員会は「評価の方法を見直す過程で、通知表等の評定に比べて高い（低い）評定がつく場合があります」と断りを入れている。

評点の調整作業について、濱元は「『基準値に合わせる』ための評定決めであり、生徒一人ひとりについて『目標に準拠した評価』視点で評価するものでない」と批判している。問題は評価方法にとどまらない。濱元が心配するのは、教師たちがこうした評価に慣らされていくうちに、「目の前の子どものニーズにフォーカスを当て、自らの指導や評価を工夫改善していく応答的な姿勢を失っていく」(濱元二〇一八、一二四頁)ことである。濱元はそれを「指導と評価の一体性」が崩れる危機とみている。

「評定平均の範囲」というルールを守りさえすれば、行政に対する説明責任(アカウンタビリティ)は果たせる。だが、それと引き換えに、生徒の学習状況や進路希望に応じた指導を行い、その成果と課題を評価し、次の指導に活かすような責任(レスポンシビリティ)は果たしにくくなるのである。

チャレンジテストの導入から間もなく、生活面でも学力面でも厳しい状況にある生徒が多い学校に勤める教師Aさんは、私に次のように語ってくれた。

A　僕の持ってる一年生、この前成績つけたんですが、六人ぐらい修正せなあかんで、五人は(評定が)下がったんです。

――え？　普段の成績の方が一発勝負のテストより信用できるんじゃないですか。

A　いやあ、ああいうテストに慣れてない子はいるんです。コツコツ真面目にやる子は普段の成績はよくても下がる時は下がりますね。僕も言ったんです。よくないかもしれんでって。

――そういう時はどう説明するんですか。

A　しゃあない、チャレンジテスト(の成績)が悪かったからって言わな。

――でも、そういう子の方が高校入ってから安心なんじゃ……。

A　この前、(成績がよかった)○○中の先生に聞いたら、あそこは(評定を)上げなあかん子が多いって。

(二〇一六年三月)

テストで高い点数はとれないが、コツコツと努力する真面目な子はいる。そういう子は三年で高校をきちんと卒業できるだろう。そう考えてAさんは評定をつけてきた。しかし、チャレンジテストにもとづく評価システムは冷厳である。ペーパーテストで測定ができない資質への教育的配慮よりも、学校の評定平均を規則どおりにするための調整を優先しなくてはならないのだ。

排除の論理と評価の歪み

チャレンジテストの問題点はそれにとどまらない。過去には、チャレンジテストの結果を重視するあまり、「体調が悪ければテスト当日に学校を休んでよい」という指導が事前になされたり（『朝日新聞』二〇一七年一月三一日）、スポーツ推薦で進学予定の生徒にテストを受けさせなかったり、特別支援学級に在籍する生徒のテストを「免除」した例が報告されている（濱元 二〇一八）。

前述のようにチャレンジテストは「学校対抗戦」である。これに勝った学校では一人ひとりの生徒に高い評定をつけられる。だから、学校全体の平均点が下がるリスクを避けるために、高い得点を望めない生徒を排除するようなことも起きてしまうのだ。

このような排除の論理が教育現場に忍び寄っているのは、チャレンジテストによる評価システムがペーパーテストを過度に重視しているからである。

さらに、チャレンジテストによる評価システムでは、テストが実施される五教科（国語、社会、数学、理科、英語）の成績は、テストのない四教科（体育、美術、音楽、家庭）を含む全教科の評定にも影響する。だから、評定平均の目安が高い学校では、四教科が苦手な生徒にも高い評定をつけやすくなる（濱元 二〇一八）。逆に評定の目安が低い学校では高い評定をつけにくくなる。ペーパーテストを過度に重視する評価は、学業全体の評価を歪めるのである。

進路保障の揺らぎ

この章のはじめで、私は「未来を保障する」進路保障の特徴を次のように述べた。第一に、進路保障は、中学卒業時点に特化した取り組みではなく、本人の進路希望を叶えるための条件整備(基礎学力の保障、キャリア教育、就職差別の撤廃など)やフォローアップを含むこと、第二に、教育関係者、行政、企業などの協力のもと、進路の実現を阻む制度や慣行の変革を目指してきたこと、第三に、生徒に「生き方」を問うものであること、である。

高校入試制度の改革は、名目的には生徒や保護者の「自由」に重きを置いて、生徒の進路の選択肢を広げる方向で進んできた。そうしたなか、「合格可能性で志望校を決める」という、ある意味では「安易な選択」が起きやすくなった。少子化と学区の廃止とが相まって、基礎学力が十分でなくてもどこかの高校には入れるようになったからである。加えて、中学の教師はチャレンジテストの成績にもとづく評定の補正に無力感を覚えるようになっており、人権・同和教育が大切にしてきた「生き方」を問い直す実践は難しくなっている(前馬 二〇一八)。

高校の側も変化している。特に問題と思われるのは、セーフティネットの機能を果たすべき学校が事実上の廃校や教育課程の見直しを迫られていることである。

例えば、二〇二一年三月に再編整備の検討が始まった高校は一三校ある。うち、三校は「エンパワメントスクール」、一校は日本語の指導が必要な生徒の特別入試を実施する高校、一校は高校と高等支援学校が連携して障害のある生徒と障害のない生徒がともに学ぶ仕組みをもつ「共生推進校」だった。

結局、一三校のうち三校は二〇二三年度の入試を最後に募集停止となった。次に挙げるのは、募集停止が決まった高校の学校長あいさつである。

初めに残念なお知らせです。本校は志願者が定員を満たさない状況が続き、昨年度、大阪府立高校再編整備計画の対象校となりました。その結果、令和五年度には新入生を迎えますが、その後は入学者選抜を行わず、〇〇高校に機能統合されます。そして、令和五年度の新入生が卒業する令和八年三月末をもって、閉校となることが決まりました。学校の存続は今後三年間ですが、それまでの間、これまでの教育内容や教育環境が低下することのないように、教職員一同最大限の努力をしてまいります。あわせて、生徒に寄り添い、丁寧に支援指導してまいります。（二〇二三年四月。当該校のホームページより）

再編整備の対象となった「エンパワメントスクール」三校のうち二校は、二〇二四年度に教育課程を大きく改編して再出発することになった。この学校は「義務教育段階までに学校生活での困りやつまずきを経験しながらも、高校生活をとおして、就職や進学をみすえ、基礎的な学びや、地域と一緒に体験的な学びにチャレンジできる学校」であり、「多様な教育実践校（ステップスクール）」と呼ばれている。これらの高校が生き残れるかどうかは、予断を許さない。

二〇二三年度からの高校再編整備計画では九校を募集停止とすることがすでに決まっている。名指しこそされてはいないが、定員割れが続いている高校が募集停止の候補であることは間違いない。セーフティネットであるはずの高校が教育課程の大幅な見直しを迫られたり閉校の危機に陥ったりしている。これらの学校では、生徒に落ちついた教育環境を提供することができなくなりつつある。

高校の再編にあたっては、本来なら進路のセーフティネットを守りつつ公立・私立全体で入学者定員を少しずつ削減していく工夫が必要だったはずである。しかし、再編は生徒の「自由な選択」と学校間の競争に委ねられた。

その結果、公立高校では事実上の統廃合が進み、学力や生活に不安を抱える生徒たちの進路の見通しは不透明になりつつある。また、チャレンジテストは教師が一人ひとりの子どもに主体的に向き合うことを困難にし、ペーパーテストで測定ができない資質・能力や個性の評価を軽視させることにつながっている。

第6章　改革は成果を上げたのか

——新自由主義的教育改革の帰結

第2章から第5章までは、大阪で進められてきた新自由主義的教育改革の流れと改革の内容(第3章は学力政策、第4章は小・中学校の学校選択制、第5章は高校の入試制度改革と再編整備)をみてきた。はたして、こうした改革は当初に設定した目標を達成できたのだろうか。そして、子どもや学校にどのような影響をもたらしたのだろうか。この章で、総括的に改革の成果を検証したい。

検証の手がかりにするのは、子どもたちの現状を示すデータである。具体的には、全国学力テストなどの学力テストの結果や生徒指導上の課題(不登校・中退・問題行動)に関する統計である。これらとあわせて、大阪市の各区が実施した保護者アンケートや研究者による教員調査など、教育改革に対する大人たちの意見も取り上げる。

どのような立場からみるかによって教育改革への評価は分かれる。公正と卓越性の両立がはかられて「全体としてのバランスが良くなった」と評価する意見もあるが(関西教育行政学会 二〇二〇)、私は初等・中等教育段階では公正の確保を優先させるべきだと考える。現代の公教育には、人間が人間らしく生きていくうえで必要不可欠な基礎教育(basic education)をすべての人に保障するという役割がある(上杉 二〇一七)。その大前提を揺るがせにすると、教育機会の格差が広がったり社会的排除が進んだりしかねない。公正あっての卓越性である。公正なき卓越性は一部の人にしか利益をもたらさないだろう。

1　教育課題は克服されたか――子どもたちの現実

学力の水準は向上したのか

大阪の教育改革の基本方向を打ち出したのは、橋下徹知事(当時)による「教育非常事態」宣言(二〇〇八年)である。その翌年には改革を進めるための具体的な計画「「大阪の教育力」向上プラン」(二〇〇九年)が策定された。このプランは「大阪府教育振興基本計画」(二〇一三年)、「第二次大阪府教育振興基本計画」(二〇二三年三月)へと引き継がれて、今に至っている。

この間、改革の最優先課題として挙げられてきたのは学力水準の向上である。「第二次振興計画」の中で、大阪府教育庁は「府内公立小中学校の学力・学習状況は算数・数学でほぼ全国水準にまで改善している」(九頁)と総括している。

「「大阪の教育力」向上プラン」は、学力水準の向上について、小・中学生の全教科・区分で「全国平均を上まわる」という数値目標を掲げていた。改革開始後数年間は大阪の学力水準は

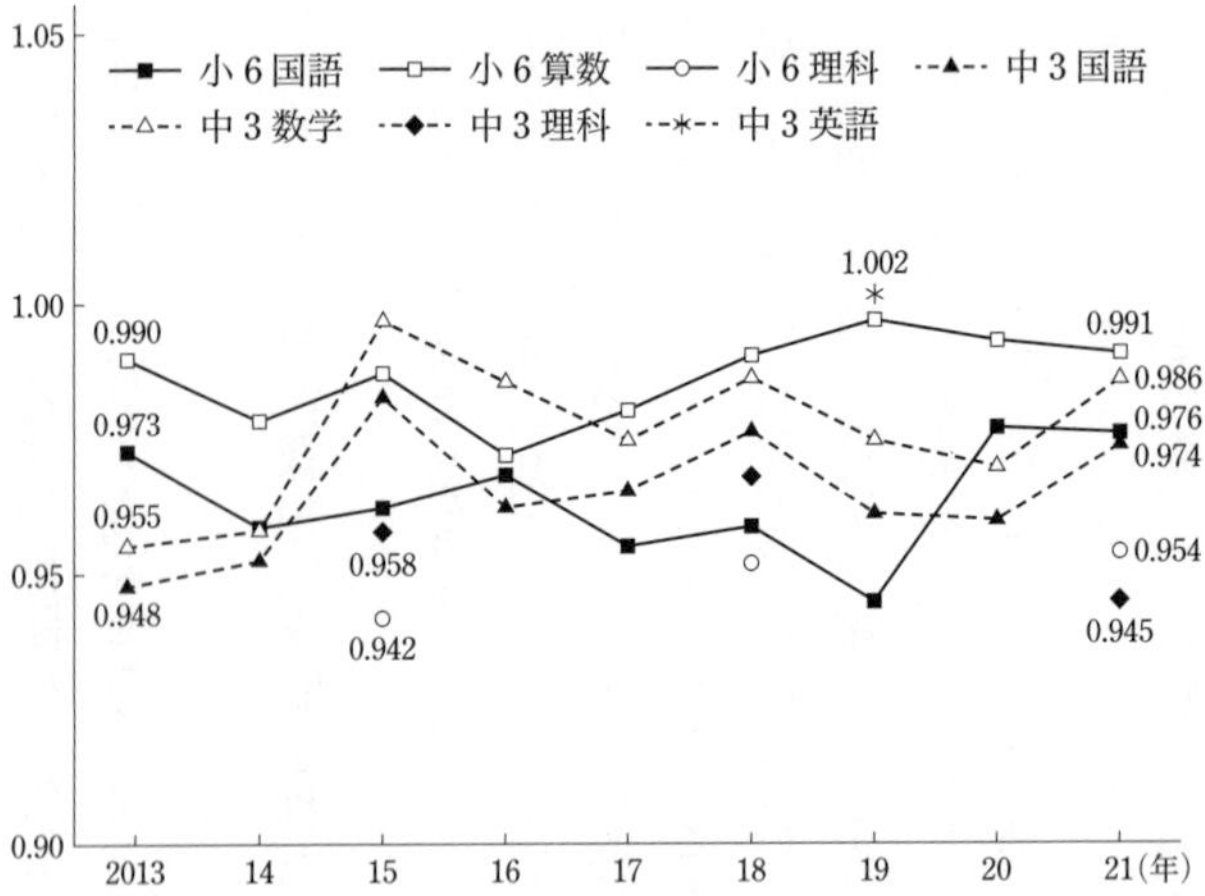

出所：大阪府教育庁「第二次大阪府教育振興基本計画」2023年，50頁

図6－1　「全国学力・学習状況調査」における平均正答率（対全国平均比）

全国平均に迫ろうとしていたが（第5章・図5－2）、最近の約一〇年間、全国平均との差はほとんど変化していない。

図6－1のように、第一次振興計画初年度の二〇一三（平成二五）年度から最終年度の二〇二二（令和四）年度にかけて、算数の対全国平均比（全国平均を一とした時の大阪の正答率）は〇・九九〇から〇・九九一になった。数学の対全国平均比は〇・九五五から〇・九八六になった。一方、国語では、小学生の対全国平均比は〇・九七三から〇・九七六、中学生は〇・九四八から〇・九七四になった。

小数第三位までの数字を挙げて学力が上がったとか下がったということにさほどの

意味はない。対全国平均比の学力水準はまさに十年一日のごとく、ほとんど変化していないのだから。結局、「全国平均を上まわる」という改革開始時の目標は達成できないままである。教員の努力不足か、現場の努力を打ち消すような社会的・経済的な要因があるのか。そもそもの数値目標が机上の空論だったのか。伸び悩みの本当の理由は問い直されることのないまま、第二次振興計画の事業計画は「全国の値以上の達成・維持」という成果指標を掲げ続けている。

学力の格差は是正されたのか

改革の中では重視されてこなかったが、学力水準の向上とならんで重要な教育課題がある。それは家庭背景（経済力や教育力）に起因する学力格差の是正である。

今から約一〇年前に私たちのグループが大阪府内（大阪市は除く）で実施した学力調査（志水・高田 二〇一六）によると、一九八九年から二〇〇一年にかけて続いていた学力水準の低下と学力格差の拡大は、二〇一三年には歯止めがかかっていた。学力の平均的水準は「弱いV字回復」、つまり下げ止まりあるいは持ち直しの傾向にあった。学校単位で結果を詳しく分析してみると、学力格差を小さくしている学校の数は、一九八九年から二〇〇一年にかけて大きく減少したが、二〇一三年には増加に転じていた。これらの結果から、低学力層の学力が下支えされたことで、高学力層との格差が小さくなり、平均的な水準も上がったことがうかがえた。

下支え・格差是正をもたらしたのは、おそらく、大きな「改革」などではなく学校現場の地道な努力とそれを後押しする教育行政の力である。大阪では維新の会が主導する教育改革が始まる前から、家庭背景に起因する学力格差を縮小させる努力が続いてきた。新自由主義的な教育改革の中にあっても、格差是正への配慮をうかがわせる施策もあった。それらの取り組みが実を結んだのではないかと私たちは考えた。

もっとも、経済的困窮度が特に高い地域の学校では全体的な学力不振が目立ち、過去二十数年間で状況はほとんど改善していなかった。学校や教育行政の努力には明らかに限界がある。しかし、それらの学校では、子どものたちの生活と学習をトータルに支える努力が子どもたちの生活の質を向上させたり進路に対する前向きな姿勢を引き出したりしていた(髙田 二〇一九)。このこと自体は大きな教育成果なのだが、学力向上を重視する風潮の中でなかなか正当に評価されることはない。

では、今、学力の格差はどうなっているのだろうか。家庭背景に関わる格差は検証の参考になる調査がみつけられなかったが、地域間格差については中学生のチャレンジテストの結果が参考になる。

チャレンジテストの市町村別結果は毎年公開されている。二〇二二年度の中学三年生の結果(国語・数学・英語の合計点)をみると、トップ5は北摂地域と呼ばれる北部が独占し、トップ10までのうち七つは北摂の自治体である。一方、成績下位一〇位までの内訳は、河内が五、泉州が四、北摂が一である。第3章でみた地域間格差の構図は改革が始まった十数年前から変化していない。むしろ固定化が進んでいるのではないか。

学力が高い子どもがたくさん住んでいる地域では、自ずと地域全体の学力水準も高くなる。そこから「○○市は教育水準が高い」といったうわさが生まれ、そのうわさが教育熱心な人々を引き寄せ、その積み重ねでうわさは事実になっていく。この悪循環に歯止めをかけるためには教育的に不利な立場にある子どもの多い地域に対する手厚い支援が必要である。

依然として多い不登校と高校中退

次に生徒指導上の課題をみよう。ここでは、文科省の「児童生徒の問題行動・不登校等生徒指導上の諸課題に関する調査」(旧「児童生徒の問題行動等生徒指導上の諸課題に関する調査」)から数字を拾ってみたい。不登校や中退そのものは「問題行動」とはいえない。だが、不登校や中退によって教育を受ける機会が閉ざされたり進路選択が難しくなったりする可能性は高い。教育

表6-1　小学校・中学校・高校の不登校と高校中退の状況

		2007年度		2022年度	
		大阪府	全国	大阪府	全国
不登校(1000人あたり人数)	小・中学校	12.3	12.0	32.4	31.7
	高校	26.8	15.6	31.8	20.4
高校中退(%)		3.4	2.1	1.6	1.4

からの排除は労働市場からの排除へとつながる。現在の学習権と将来の生存権の保障に関わるという意味で、不登校や中退は放置できない教育課題である。

表6-1に示すのは一連の教育改革が始まった頃(二〇〇七年度)と直近(二〇二二年度)の不登校と高校中退の状況である。

二〇〇七年度の大阪府の不登校者数は、小学校一五九六人、中学校七五四七人、高校五八八一人だった。その数は、二〇二二年度までにそれぞれ七一五三人、一万三六五一人、六四五二人に増加した。小学校と中学校を合わせた一〇〇〇人あたりの不登校者数は、一二・三人から三二・四人に増加した。全国では一二・〇人から三一・七人への増加である。高校では一〇〇〇人あたりの不登校者数は二六・八人から三一・八人へと増え、全国第一位になった。全国では一五・六人から二〇・四人への増加である。このように、結局のところ、かねての課題は積み残されたままである。

高校中退はどうか。二〇〇七年度から二〇二二年度にかけて、大阪の高校中退率は三・四パーセントから一・六パーセントへと減少した。全国では二・一パーセントから一・四パーセントへの減少である。一頃よりは落ちついたものの、高校中退率は依然として高い水準である。人数は東京都の五〇四七人に次ぐ三四二五人で全国二位、中退率では全国六位である。こちらもまた、課題は積み残されたままである。

大阪市では、不登校の生徒向けのカリキュラムをもつ不登校特例校の中学が二〇二四年四月に開校した。特例校は「義務教育の段階における普通教育に相当する教育の機会の確保等に関する法律（教育機会確保法）」の制定（二〇一六年）を機に、全国で設置が進みつつある。また、先にも述べたように大阪府は、定員割れが続いていた府立高校二校を二〇二四年度に「多様な教育実践校（ステップスクール）」に指定した。これは義務教育段階までに「学校生活での困りやつまずきを経験した」生徒を対象とする高校である。

これらの学校で学び直す機会を得る子どももいることだろう。だが、私は「特別」な学校を増やすことに諸手を挙げて賛成できない。「特別」な学校が増えることによって、「普通」の学校が不登校者や中退者を生み出す原因や背景が問われなくなり、「普通」の学校が変わる契機が失われてしまうからである。不登校に対応する学校が増えることは、一見すると望ましいことのようにみえる。だが、「普通」の学校に馴染めない子どもを「特別」の学校に振り分けていけば、「普通」の学校の中の多様性は失われる。許容される「普通」の幅は狭くなり、子どもたちの学校生活は窮屈になっていく。学校に馴染める「普通」の子と馴染めない「特別」な子の振り分けを進めるのではなく、「普通」の学校のあり方を根本から問い直す必要がある。

解決にはほど遠い暴力・いじめ問題

不登校や中退とならぶ生徒指導上の課題に暴力行為やいじめがある。大阪では今般の教育改革が始まる前から、これらの課題の解消に取り組んできた。

文科省の調査では、「自校の児童生徒が、故意に有形力(目に見える物理的な力)を加える行為」を暴力行為と呼び、「児童生徒に対して、当該児童生徒が在籍する学校に在籍している等当該児童生徒と一定の人間関係のある他の児童生徒が行う心理的な影響を与える行為(インターネットを通じて行われるものを含む)であって、当該行為の対象となった児童生徒が心身の苦痛を感じているもの」をいじめと呼んでいる。前者(暴力行為)は人や物に対する物理的な攻撃を指し、後者(いじめ)は人に対する攻撃で、その手段には言葉や態度によるものも含まれる。

表6-2に示すのは二〇〇七年度と二〇一二年度の暴力行為といじめの状況である。

二〇〇七年度の大阪府の暴力行為件数は、小・中・高等学校を合わせて六九七五件だった。

表6－2　暴力行為といじめの状況

	2007年度		2022年度	
	大阪府	全国	大阪府	全国
暴力行為(1000人あたり件数)	7.2	3.1	11.3	7.5
いじめ(同)	3.8	7.1	75.2	53.3

その数は二〇二二年度には九七六四件に増えた。児童生徒一〇〇〇人あたりでみると七・二から一一・三への増加である。この間、全国の一〇〇〇人あたり件数は三・一から七・五に増加した。大阪と全国との差は小さくなったが、それは大阪の件数が減ったからではなくて全国の件数が増えたからである。

次にいじめについてみてみよう。二〇〇七年度から二〇二二年度にかけて、大阪のいじめの認知件数は、小・中・高等学校と特別支援学校を合わせて三六八二件から六万五五〇〇件に増えた。一〇〇〇人あたりの件数は三・八から七五・二へと増えた。一方、全国では七・一から五三・三への増加である。大阪の伸び率が全国を大きく上まわっていることがわかる。

ここでひと言つけ加えておかねばならない。それは統計に表れた件数が少ないからといって問題が解決しているとは言えないということである。不登校や中退には欠席日数や退学手続きという客観的な基準がある。だが、いじめや暴力に客観的な判断基準を求めることは難しい。特にいじめは態度や言葉による「みえにくい」ものを含み、その実態はつかみにくい。いじめと生徒間の暴力との線引きもはっきりとはできない。また、そもそも統計に表れる暴力行為やいじめの件数は「発生」ではなく「認知」の件数である。暴力行為やいじめが社会問題になると、それらの件数は一時的に跳ね上がり、しばらくすると件数が減るということが繰り返されてきた。逆に、学校がこれらの問題に真剣に取り組むようになれば認知件数は増える。

このように、暴力行為やいじめの実態把握は難しいのだが、これらの教育課題が解決をみていないことだけは確かである。

2　保護者と学校は改革をどうみているか

学習指導の課題(学力の水準と格差)と生徒指導の課題(不登校・中退、暴力行為・いじめ)について、この十数年間で実態がどう変化したのかをみてきた。この間、様々な対策が打ち出されてきたものの、課題解決にはほど遠いのが現状である。

では、大人たちは改革の現状をどうみているのだろうか。

ここでは大阪市での調査を取り上げたい。大阪市は大阪府の小中学校数・児童生徒数の約四分の一を占める巨大都市である。部落差別を背景とする越境就学の解消にいち早く取り組んだり、人権・同和教育の先導的な実践を発信したりしてきた都市でもある。また、基礎自治体（市町村と東京二三区）として小・中学校の設置者であることに加えて、大阪府と一緒に高校の入試制度改革と再編整備を進めてきた。大阪市の教育の動向は、今も昔も、大阪全体に少なからぬ影響を与えている。

学校選択制を保護者はどうみているか

まずは保護者の意見からである。二〇二〇年度から二〇二一年度にかけて大阪市内二四区が実施した「学校選択制の現状に関する調査」から数字を拾ってみよう。

この調査は、一年目に六区（此花《このはな》区、中央区、西淀川区、淀川区、旭区、住吉区）で先行実施され、二年目に残りの区で実施された。実施主体は各区だが、質問項目は全市で共通である。調査対象は、小学一年生と中学一年生の保護者全員、地域住民（地域活性化協議会の代表など）、学校（実際の回答者は学校長と思われる）である。

各区の回収率は、小学一年生の保護者で五割前後、中学一年生の保護者で四割前後であり、地域住民は一〇〇パーセントから六〇パーセント台までばらついている。学校の回収率はすべての区で一〇〇パーセントである。

以下、各区のホームページで公開されている報告書にもとづいて保護者の意見をみていこう(二〇二二年一〇月時点で、此花区、中央区、西淀川区は報告書の公表を確認できなかった)。

調査を先行実施した六区の結果は、すでに検討がなされている(濱元 二〇二二)。それを要約すれば次の通りである。①保護者はおおむね学校選択制を肯定的に評価しているが、地域の関係者は賛否がばらついている。②保護者は「学校への関心が高くなる」「特色ある学校づくりが進む」といった学校選択制の「メリット」を感じてはいるが、態度不明(「どちらでもない」「わからない」)も一定の割合で存在する。学校側は「メリット」が学校選択制によって増えたとは考えていない。③学校の回答では「通学の安全」や「風評による選択」などの「課題」を指摘する意見が一定数あり、新年度の児童・生徒数がなかなか決まらないことによる次年度の体制づくりの遅れも指摘されている。

「保険」としての学校選択制?

本書の執筆にあたり、二〇二一年度に調査を実施した区の結果も一通りみたが、先行実施の六区と傾向はほぼ同じだった。まずは保護者の「満足度」から紹介したい。

先行実施の六区では、「学校選択制は、大阪市の子どもや保護者、大阪市の学校教育にとって良い制度だと思いますか」という問いに対して、通学区域外の学校を選んだ保護者の大半（八〜九割）が肯定的に評価していた（「そう思う」と「どちらかというとそう思う」の合計）。本来の通学区域の学校に子どもを通わせている保護者でも、肯定的評価は六割を超えていた。最も多い淀川区と住吉区で七三・一パーセント、最も少ない旭区で六三・一パーセントである（いずれも中学一年生の保護者の回答）。

二〇二一年度に調査を実施した区でも同様の結果だった。全体として肯定的評価が最も多かったのは城東区の八二・八パーセント、最も少なかったのは阿倍野区の六八・九パーセントである。各区の肯定的評価の平均をとると約七割になった。ちなみに前章で取り上げた西成区と北区の肯定的評価はそれぞれ七三・一パーセントと七一・四パーセントである。

制度を否定的に評価している人は全体で二、三割にとどまるが、その中には選択制自体に反対の人だけでなく、選択が有名無実化していることに不満を持つ人も含まれている。次に挙げるのは、人口が急増して通学区域外からの受け入れ可能枠がほとんどない北区と西区の自由記述回答である。

- 「選択制とは名ばかりで実際には抽選制であるから」（北区）

・「選択しても、希望する学校は人気が集中してしまう。各学校の教員の指導方針、レベルに差をつけない工夫がいると思います」（北区）

・「選択制という割には受入人数が限られ、希望が通らない可能性も大きそうなので、あまり機能してないと思う」（西区）

・「兄の入学時、選択制で校区外を希望しようか検討したが、弟も同じ校区外の学校に入れるか保証できないと言われたので、選択の余地なく校区内を希望した。兄弟枠はあってほしいです」（西区）

保護者の学校選択制の支持は揺るぎないようにみえる。現状では本来の通学区域外の学校を選んでいる人は約一割にとどまっているが（大阪市教育委員会「令和三年度学校選択制実施区における保護者アンケート」二〇二三）、地元の学校以外の選択肢があることで、いざとなったらよその学校に移れるという安心感を抱いているのかもしれない。中には次のような意見もある。

・「個人的には校区の学校で満足しているが、特別な事情がある場合には学校選択制が助けになるのかもしれないと思う」（北区）

・「自分の住んでいる地域は特に悪いこともないが、治安の良くない所に住んでいたら、学校選択制は有効だと思う」(北区)
・「いじめとか、環境を変えたい子もいると思うから」(西区)
・「小学校の選択制の決定はもう少し早くした方が準備時間に余裕が出ると思う」(西区)

学校選択制のもとでは、学校に関わるリスク(児童生徒の問題行動や学力の不振)を低減するために学校をどう支えるかという発想よりも、リスクを回避するためにどの学校を選ぶのかという発想が先に立つ。学校選択制を利用している人がこの施策を支持するのは当然だが、地元の学校に子どもを通わせている人の間でも学校選択制への支持率は高い。そうした保護者にとって、学校選択制とはリスクに対応する「保険」のような存在でもあるのだろう。

学校選択制を学校はどうみているか

この調査では学校に学校選択制そのものの是非を尋ねる質問がない。また、一般教職員に対する調査は実施されていない。求められているのは学校全体としての意見であり、回答者の大半はおそらく校長である。個人として制度に反対であっても、立場上、本当の考えを言いにくいことは容易に想像がつく。このような調査の設計からも、現場の教職員の声に耳を傾けようとしない行政の姿勢がうかがえる。

とはいえ、この調査からでも、学校選択制のメリットと制度導入に伴って生じる課題について、ある程度まで学校の考えを知ることはできる。ここでは「特色ある学校づくり」、「風評」による選択、児童生徒の増減に伴う教育課題についての回答結果をみたい。

調査結果の集計は区ごとに行われているが、学校数は最も多い平野区でも三三校（小学校二二、中学校一一）しかないので、区ごとではなく市全体で回答結果をみることにする。なお、すでに述べたように一部の区は報告書を公表していない。ここで取り上げるのは回答が確認できた小学校二四四校と中学校一一二校のデータである。

「学校選択制によって、あなたの学校における特色ある学校づくりが進んだと思いますか」という質問に肯定的に回答した（「思う」と「どちらかと言えば思う」の合計）学校は一割強にとどまる。小学校では三一校（一二・七パーセント）、中学校では一五校（一三・四パーセント）である。「特色ある学校づくりが進む」というメリットは、それを進める主体である学校側からすれば「希望的観測」にすぎなかったと言える。

「区や学校が提供する情報ではない風評（うわさ）等による学校選択によって、あなたの学校に影響がありますか」という質問への「風評による影響がある」という回答は、小学校では三五校（一四・三パーセント）、中学校では一二校（一〇・七パーセント）で、いずれも一割ほどにとどまっている。ただし、風評は風のようにとらえがたいからこそ風評なのであって、風評の存在を証明することは難しい。数値が低く出やすいという意味では「誘導尋問」的な質問である。

メリットが乏しく支障が多い制度

学校選択の理由はさておき、実際に起きる入学者数の増減はかなりの学校に影響を与えている。影響があると答えたのは、小学校で九一校（三七・三パーセント）、中学校で三八校（三三・九パーセント）である。まずは減少の影響からみよう。

- 「生徒数減による学級数減に伴う教員の定数減等の問題。特に選択制による数名の生徒数の増減で学級数が変わり、教員数が二月中旬まで確定できない場合など、次年度を見通した学校運営ができない」（西成区）
- 「本来の生徒数の減少に加え、選択制により生徒減が加速しているため小規模校における課題も急速に増大している」（平野区）

・「年度によってはぎりぎり二学級編成の新一年生が、選択制によって人数が減り、単学級になるという状況があった」(旭区)

これらの意見は、いずれも少子・高齢化と人口減少が進んでいる区のものである。小学校や中学校では、法律や条令で一学級あたりの児童生徒数は決まっている。教員の定数も学級数に応じて決まっている。そのため、入学予定者が減ると学級数も減り、一学級あたりの児童生徒数が増えたり教員数が減ったりすることがある。中学校の場合、入学者が五〇人であれば二五人ずつの二学級編成となるが、入学者が一〇人減ると四〇人の一学級編成になる。教員定数もそれに連動して一人減る。

本来の通学区域外から多くの入学者を集める学校も学校選択制のメリットを感じているとは限らない。入学者が変動することによって学校運営が不安定になってしまうのは先の学校と同様である。家庭訪問や地域と連携した教育活動が難しくなることを指摘する声もある。

・「学級数が確定しないため、教員の人事異動の時期に間に合わず、教諭ではなく講師が配置されるということが毎年起きている」(天王寺区)

●「校区外（遠方の場合）から通学する生徒は、日頃の家庭訪問など、近い場合よりも連携が取りにくくなってしまう。特に、家庭訪問期間は担任の移動に時間がかかってしまう。入学前の情報交換にも距離的に負担がかかる」（浪速区）

●「校区の地域と直接つながりのない児童が多数在籍することによる地域と家庭の意識のズレや調整の難しさがある（地域行事、見守り等）」（北区）

●「生活科、社会科の校区探検では、自分の生活圏とは違う校区について学ぶことになる」（福島区）

保護者の意見と学校の意見を比べてみると、学校選択制は、保護者の満足度を高める一方、学校にとっては苦労の割にはメリットが感じられない制度だといえる。多くの保護者は学校選択制を積極的に活用しているわけではない。制度への支持は「あれば安心」という程度のものである。しかし、学校側にすれば、メリットがみえないうえに学校運営に様々な支障をもたらす厄介な制度である。

主体性を奪われる教職員

第2章でみたように、教育改革への支持を取りつける世論喚起の時期には、府知事や大阪維新の会による教職員や教育委員会に対する激しい非難があった。改革の地ならしの時期に大阪府と大阪市で制定された職員基本条例も教職員への統制色が極めて濃かった。政策の転換をはかるうえで教員政策が重視されていたことは明らかである。

では、教員たちは、一連の改革をどうみてきたのだろうか。

教育社会学者の中村瑛仁《なかむらあきひと》は、丹念なインタビューを通して、大阪市の教員が一連の教育改革をどのようにとらえていたのかを明らかにしている(中村 二〇一九)。中村によると、日々の仕事の中で教員が感じる困難には「管理統制の強化」「実践における裁量権の低下」「成果・競争主義の要請」という三つの要素があったという。

一つ目の「管理統制の強化」とは、行政や管理職による管理を感じ、処分を恐れて萎縮し、職場から自由感や開放感が失われてしまった事態を指す。

〔前略〕非常に「けつの穴」がちっちゃくなりましたよね、校長も教頭も。上から言われることに恐れる。昔やったら、「かまへん。最後は俺が責任もつから、やれ」やったけど、最近俺が関わった校長やったら誰もそういうのはおれへん。だから、安心して仕事できへん。だって最後は「こいつが悪いんです」って風潮がやっぱりあるんで。なんでもかんでも〔教育〕委員会にあげるし。教師も萎縮するんですよ。　（中村　二〇一九、二〇五頁）

二つ目の「実践における裁量権の低下」とは、これまでの実践とは相反する重大な政策変更や新しい施策が導入され、その実行を否応なしに迫られるという事態である。時には重大な意思決定が何の説明もなく現場に下りてきて、保護者への説明に苦慮することもある。

〔前略〕統一テストをするとかも、先にそうやって新聞報道が出ちゃうんで、親は知るわけですよ。親は絶対、先に学校に聞きに来ますよね。でも、私たち「わかりません」しか言えないんですよ。だから、知っていることであっても、「こうなるかもしれません」という感じやったんで、結局、〔口を〕濁して逆に何も伝えられない。確実に決まったことしか伝えられないので。〔後略〕　（中村　二〇一九、二〇六頁）

最後の「成果・競争主義の要請」とは、短期間のうちに成果指標を向上させることが求められ、また、学校同士の競争が厳しくなる事態である。

〔前略〕それこそ「目標を数値化せえ」と言うんですね。「去年と比べて、全国学テの点数の平均が何点アップしたということを数値化しなさい」というような指導が、現場よりもむしろ管理職の方にいくんですけども。これを言うと、「それは教師の言い訳や怠慢や」と言われるかもしれんけど、僕たちはやはり一年間、二年間だけじゃなくて、五年後とか一〇年後に（子どもたちが）どうかという部分があるのでね。（中村 二〇一九、二〇八頁）

これら三つの困難の中で特に重要だと思われるのは、「実践における裁量権の低下」である。というのも、これは子どもたちの実態に合わせて教育実践を柔軟に組み換えたり創造したりする教員の主体性を失わせ、子どもに対する応答責任（レスポンシビリティ）を低下させるからである。

中村の調査の対象者はかつての大阪の教育を知るベテラン・中堅教員である。若手では改革への批判的意見はあまりきかれず、「子どものために」という思いが、むしろ改革の受容・追認につながる可能性があるとの指摘もある（山内 二〇二三）。改革を積極的に支持することはできないが、表だって反論もできない。そうしたなかで教職員の世代間ギャップが静かに深く広がっているのかもしれない。

3　検証なき改革の果てに

なぜ改革は成果を上げていないのか

前節までで、十数年にわたる教育改革のもとで子どもの教育状況がどう変わり、大人たち(保護者、教職員)が改革をどう評価しているのかをみてきた。限られたデータからではあるが、次のようなことが言える。

改革の出発点で重視されていた教育課題(学力水準の低さや問題行動の多さ)は、解決にはほど遠い。また、不登校は増加し続けており、高校では一〇〇〇人あたりの不登校者数が全国一になった。高校中退の高止まりも続いている。一方、教育改革の課題として取り上げられなくなった学力格差は、一部の学校で格差縮小の兆しがみられたが、マクロなレベルでは地域間格差の構造が固定化している。公正という観点からみれば、今までの改革は成果を上げていないと言わざるを得ない。

では、なぜこのような事態に立ち至ったのか。これまでの改革が成果を上げなかったのは、上意下達で改革は進まないからである。国や自治体が教育政策を変えても、その影響はストレートに教育現場に及ぶわけではない。子どもの生活や意識、地域の歴史や住民の構成、学校のそれまでの取り組みを無視して教育は進まないからだ。「上から／外から」の制度改編と「下から／内から」の実践のからみ合いの中に教育改革はある。その現実を知らない人たちが「上から／外から」改革を押しつけると現場は混乱する。

改革が「子どものため」になっていないことは明らかである。私は改革が要らないと言っているのではない。「上から／外からの」動きが「下から／内からの」の動きを圧倒するような改革は成功しないと言いたいだけである。

なぜ改革は見直されないのか

大人たちは改革の現状をどうみているのだろうか。保護者がまず考えるのは、我が子の教育のことだ。私は、学校選択制への高い支持を「質が悪い」と判断した学校を避けるための「保険」だと解釈した。

だが、一見合理的にみえる一人ひとりの行動の積み重ねは、めぐりめぐって全体に不利益をもたらすこともある。学校選択による入学者の増減が学級数や教員数に影響を及ぼし、教育環境の整備が難しくなるというのはその例である。「自由な」高校選びにも同様のことが言える。学区の撤廃と授業料無償化措置の拡大は、一人ひとりの自由な選択を可能にするはずだったが、実際には進路選択のセーフティネットを弱体化させ、「選べる」人と「選べない」人の分断をもたらした。

一人ひとりの利益の足し算は全体の利益につながるとは限らない。商品やサービスへの顧客満足度を高めるのと同じように教育への満足度を上げようとする政策は、逆に、公教育全体の質を劣化させる。にもかかわらず保護者が改革への疑念を表明しないのは、教育を私事《わたくしごと》とみる風潮が強まっているからであろう。なお、この問題は、終章で改めて考えたい。

一方、教師に改革を支持する人は少ないようである。大阪の教育をダメにした元凶は教師だと名指しされたのだから当たり前だろう。だが、教師が改革に批判的なのは、感情的な反発からだけではない。「上から／外から」の改革のせいで学校運営や教育実践に支障をきたしているからである。

なかには教育現場の責任者として「もの申す」校長もいる。退職を控えた大阪市のある校長は、（本人の表現を借りれば）教師生活の「卒業論文」の提言書を松井大阪市長（当時）に出した。

題して「豊かな学びの文化を取り戻し、学び合う学校にするために」という。提言は市の教育改革に根本から疑問を呈するもので、その内容はネット上で広く知られることとなり、新聞やテレビでも大きく報じられた。ところが、この校長は「意見の違う人は組織から出ていってほしい」と市長に言われ、「教育行政への信用を失墜させた」として教育委員会から文書訓告処分を受けてしまった(久保 二〇二二、宮崎 二〇二三)。

校長個人が市長に提言書を送るというのは極めて異例である。だが、そうせざるを得ない事情もあった。先の中村の調査結果にみるように、今の大阪では、首長のトップダウンで大事な物事が決められ、決定事項だけが現場に下りてくるようになっている。以前は校長会や教職員組合などが現場の生の声を行政に届けていたのだが、そのような現場と行政のパイプは壊れてしまっている。

今の改革路線は「ふわっとした民意」(橋下徹が最初に使った言葉である)を取り込み、異論を封じ込めることで安定した。改革の路線転換は容易ではないと言わざるを得ない。

第7章 新自由主義的教育改革に対抗するために

私は第1章で新自由主義的教育改革への対案を構想することが必要だと述べた。最後にこの手がかりを教育現場に探ってみたい。鍵となる概念は、応答性と子どもの権利保障である。教師は子どもの状況やニーズに応じて実践を組み立てようとする。子どもからのフィードバックは次の段階の実践に影響を与える。教育の過程には、教師が子どもに応えようとする行為が埋め込まれている。そのような教師と子どもの関係を指す概念が応答性である。

この章では、応答性を土台にした教育が「育つ権利」を保障することを述べる。そして、子どもの権利保障とよりよい社会づくりを有機的に結びつけるために「子どもの参加」を大切にする教育が求められていることを述べる。

1　子どもたちの現実に向き合う――応答性の意味

「規範的妥当性」の軽視

今、教育の応答性は危機にさらされている。経済的な観点から教育の価値をとらえ、ペーパーテストで測定可能な学力を重視し、容易には測定できない価値や子どもの個性をみることが難しくなっているせいである。

教育成果の測定に関しては、教育哲学者のガート・ビースタが興味深い議論をしている（ビースタ 二〇一六）。ビースタは「教育的成果は測定されうるしされるべきだという考え」には二つの問題があるという。一つ目は、何が教育的に望ましいかは測定された事実そのものからは判断できないことである。二つ目は、測っているものに教育的価値があるかという「規範的妥当性」の問いが、測りたいものを測れているかという「技術的妥当性」の問いと混同されていることである。

「規範的妥当性」と「技術的妥当性」はどちらも大事である。だが、「技術的妥当性」ばかりが重視されると、単に測りやすいものを測っているだけなのに測っているものに価値があると思い込んだり、測れないものの価値に目が向きにくくなったりする。

第5章で説明した評点の調整作業を思い出してほしい。チャレンジテストによる評価システムは「技術的妥当性」という点からみれば問題はない。しかし「規範的妥当性」という点からみれば大いに問題がある。「コツコツと真面目にがんばる」とか「芸術的なセンスがある」といったペーパーテストで測定できないことがらの評価は無視されたり歪められたりしているのだから。

白状してしまうが、これと近いことを私もやってきた。実証的な社会学や心理学には「操作的定義」という考え方がある。これは測定の方法や手続き(操作)でもって、ある事物を定義するという考え方である。

例えば、学力テストで測定されたものを学力と見なそうというのが操作的定義の考え方である。操作的定義を使うことで「学力とは何か」というなかなか答えが出せない問いを避けられる。第3章で紹介した「効果のある学校」の研究もこの考え方にもとづいている。私たちは格差の是正を最重要視している点で、今の教育改革とは一線を画している。また、学校での観察や聞き取りを通じてテストで測定できない教育の成果に迫ろうともしてきた。だが、やはり、測定の「規範的妥当性」に正面から向き合ってきたとはいえない。

説明責任(accountability)の偏重

教育の応答性を危機に陥れていることがもう一つある。学校や教師たちが自らの職責を果たしているかを外部の人たちに説明せねばならなくなっていることである。測定偏重の問題とも関わるが、責任の中味は教育現場の外で決められている。端的に言えば、経済界や国家にとって「役立つ」人材を育てているかという視点から教育の出来映えを問う風潮が強くなっているのだ。

この風潮は子どもの貧困対策にも忍び寄っている。今の貧困対策には、将来の労働力・納税者を育てるための経済的投資という考え方と、子どもの幸福（ウェルビーイング）の保障という考え方が併存している（志賀二〇一八）。前者では子どもは経済成長や税収確保の「手段」である。後者では子どもの成長や幸福自体が「目的」である。前者は「意欲と能力がある」と見なされた子どもを対象にした選別主義的な政策をとり、後者はすべての子どもを対象とする普遍主義的な政策をとる。

例えば、ＮＰＯや民間教育事業者が行政の委託を受けて子どもの学習支援をする時、事業成果をわかりやすく示すため、学習意欲が高かったり保護者の協力が得やすかったりする子どもを面接などで選んで事業を実施することがある。これが選別主義である。

一方、学校は様々な子どもを対象とする普遍主義的な教育機関である。だが、昨今、「子どもの成長は長い目でみる必要がある」とか「教育の目的は人格の完成だ」とか「ペーパーテストだけで能力は把握できない」とでも言おうものなら、責任逃れだと非難を受けかねない。学力テストの事前対策をしたり、点数がとれそうにない子どもをテストから排除したりする誘惑にかられるのも無理はない。

説明責任の偏重は生徒・保護者と教師・学校の関係にも影響する。先のビースタは、説明責任の偏重によって、生徒・保護者と教師・学校は「相互的で、互恵的で、民主的な関係」をつくりにくくなり、皆にとって「よい」教育とは何かという問題への関心を共有しにくくなっていると述べている。

新自由主義的な教育改革の中では、教師と子どもの関係は、サービスの提供者と顧客の関係としてとらえられてしまう。それは選ぶ・選ばれる(市場になぞらえれば、買う・買われる)という顧客優位の関係である。サービス提供者(教師)は顧客(子どもや保護者)の満足度を高めるために努力するが、提供者が顧客の期待に応えられなかった時、顧客は去っていく。そのような関係の中では応答的な教育は成り立たないし、教師と保護者が助け合う関係もつくれない。

教師は「現実」から学ぶ

ここまで考えてきた教育の応答性とは、子どもの現実に合わせて教師が教育を変えていくことだともいえる。子どもとの応答的な関係の中で、教師は変わり学校は変わる。応答性が教育の現場から失われると、子どもや保護者とつながりながら教師や学校が変わる機会も失われていく。

人権・同和教育に取り組む教師の間では「差別の現実から深く学ぶ」ということが大切にされてきた。人権教育の研究者の森実は、この言葉の意味を次のように整理している。第一に「差別を観念的にとらえるのではなく厳しい生活の中にとらえること」、第二に「差別の影響を最も厳しく被っている子どもを中心に据え、生活を綴ることを大切にしながら、その子どもたちの願いを土台に仲間づくりを進めること」、第三に「厳しい生活のなかに差別を見て取るならば、その現実を変えるべく社会を変えていこうとすること」、第四に「教職員が、現実とふれあうなかで、一人の人間として、また教職員として自己変革を遂げるべきこと」、そして最後に「現実から学んだことがらを教員が学習内容として創造し結実させていくこと」である（森 二〇〇二、一五三―一五四頁）。

「差別の現実から学ぶ」は人権・同和教育の現場から生まれた言葉だが、この言葉は現場発の教育改革の普遍的なポイントを示唆している。第一に、すべての子どもたちに教育を保障することこそ教師の責任――旧教育基本法風に言えば国民に対する「直接の責任」――だとする考え方である。第二に、その責任を、教育の内容創造を通じて果たそうとすることである。責任は教師一人ひとりの気構えの問題ではない。教育課程の編成と学校運営に関わる問題である。第三に、教師としての成長である。教師は、自分の持っていた常識が揺り動かされたり、今までの経験が通用しなかったりした時、教育観や人間観を問い直す。それが自己変革の契機になるのである。

2　子どもの育ちは目的か手段か

子どもの姿をどうとらえるか

法令や制度が変わると、今までやれていたことができなくなったり、自分の意に反してやらねばならないことができたりもする。だが、教育の実践までもがガラリと変わるわけではない。教育の実践は教師と子どもとの応答的な関係の中で展開される。法令や制度は教育実践の外枠を形づくるだけだ。教師が子どもの姿をしっかりととらえることが、本来の改革の出発点であるべきである。

前章では学力テストや教育統計から子どもの現状をみた。このことは大切だが、テストや統計では把握できない現実があることを忘れてはならない。

ここでちょっとしたエピソードを紹介したい。私の勤める大学には、全国各地から様々な学生がやって来る。入学試験による選抜をくぐり抜けてきたという意味では均質的なのだが、一人ひとりの生い立ちや入学までに経験した教育は様々である。

ある学生は、子どもの頃にかなり勉強ができたが、家庭生活には多くの困難を抱えていた。ある時、ひとりの教師がそのことに気づき、はじめて「しんどい子」としてその学生を受け入れてくれた。困難はその後も続いたが、この学生は「あんたは良い成績を取らんでも、あんたであるだけで価値があんねん」という教師の言葉と小学校時代に受けた教育を支えに生きてきた。教師は、逆境にへこたれずに生きている子どもの姿に人としての価値を見出したのだ。

子どもの姿を的確にとらえるとは、子どもを表面的にみるのではなく、その子の生活背景や心情にまで思いをめぐらせるということである。ペーパーテストや統計で把握された数字の背景にある子どもの姿にこそ、本当の現実がある。

教育の社会的機能とは

現実の的確な把握とともに重要な問題に、何のための、誰のための教育かという問いがある。第2章でも述べたが、教育システムは社会の中で三つの機能を果たしている。それは「社会化」と「選抜・配分」と「不平等の再生産と正当化」である。

「社会化」とは社会の一員としてふさわしい知識、技能、物の見方・考え方や行動様式を身につけさせる過程のことである。「選抜・配分」とは、学校が人々をふるいにかけながら、特定の職業や社会的地位に配分していく機能である。最後の「不平等の再生産と正当化」というのは、家庭の教育力や経済力などの不平等が学力や学歴を身につける機会の不平等を左右して、次の世代の不平等を再生産することである。さらに「意欲と努力が足りない」といった個人的な要因で不平等を説明し、不平等を皆に納得させることである。このような「不平等の再生産と正当化」は、経済的・社会的に不利な立場にある人々の成長と社会参加の可能性に蓋をしている。

このように、社会の側から教育をみると、教育が既存の社会体制や秩序を維持するような働きをしていることがみえてくる。しかし、そこで話は終わらない。子どもの側から教育をみれば教育の別の姿がみえてくる。

主体化のための教育

前述のビースタは、教育システムには、互いに異なり、しかし関連し合う三つの機能があるとする。それは「資格化」と「社会化」と「主体化」である。

一つ目の資格化(qualification)とは、知識や技能を授けて何かができるようにすることである。

学校で学力を身につけることは「資格化」の中心的な要素だが、資格化は特定の職業に就くための訓練や、市民に求められる政治的・文化的な素養を身につけることなど、幅広い範囲に及ぶ。

二つ目の社会化(socialization)とは、既存の社会で望ましいと考えられている価値や行動様式を子どもに伝達することである。先に説明した教育社会学の用法とほぼ同じ意味だが、ビースタはこの語を「型にはめる」というやや否定的なニュアンスを込めて使っている。

三つ目は主体化(subjectification)である。社会化が社会の新参者を既存の秩序に適応させる機能であるとすれば、主体化は秩序からの独立に関わる機能である。既存の秩序に順応させるのではなく、秩序のあり方を問い、自分の考えで行動できる人を育てる機能だといってもいい。

ビースタは「教育は常に、人間の自由にも関心をもつべき」(ビースタ 二〇一六、一一二頁)だと考え、資格化・社会化と主体化の葛藤を指摘しているが、三つの機能のどれかを取り出して「よい教育(good education)」を問うことはできないとも考えている。

第2章で挙げた例で考えてみよう。学力の形成とは資格化にほかならないが、どのような教育環境の中で資格化が行われるかによって、競い合いを是とする社会化につながるようなこともあれば、助け合いの価値に気づかせる主体化につながることもある。資格化は他の機能から切り離されて存在しているわけではない。

ケアとしての教育

主体化を軽んじる教育は、子どもを既存の秩序にはめ込む教育である。そのような教育の中では「こうしたい」「こうなりたい」という子どもの願いよりも「これをしなさい」「こうなりなさい」という大人の意向が優先される。子どもの多面的な才能や可能性を伸ばすことよりも、大人の物差しで子どもが有能であるかどうかを判定することが優先される。子どもの成長・発達はそれ自体に価値があるのではなくて、何かの手段として有用だと大人が判断した場合にだけ価値があるとされてしまうのだ。

今日の新自由主義的な教育改革の中では、経済的な価値が優先されていることはすでに述べたとおりである。では、子どもを何かの手段にしない教育とはどのような教育なのだろうか。

教育学者の吉田敦彦は、学校には政治的・経済的な要請に応える「有用な人材の養成」と、子どもの成長や学びのニーズに応える「ケア」の二つの論理が内在していると指摘し、前者（人材養成）が後者（ケア）を圧倒することに警鐘を鳴らしている。

重要なのは、このシステム（近代公教育システム）は、その創設の当初から両義性を持っていたことです。つまり一方で、子どもたちの健やかな成長や学びへの要求というニーズに応えて、その学習権を身分・家柄・門地に関わりなく平等に保障するシステムとしての意義、他方で、富国強兵といった政治経済システムの要請に応じて有用な人材を育成するシステムとしての意義。目の前の子どもへの応答的ケアを支えるシステムとしての学校と、システムを支えるためにケアリングを手段化するシステムとしての学校。この両義性のうち後者の論理が前者のケアリングの論理と倫理を圧倒するに到り、またケアリングをインフォーマルな形で支えていた家族・共同体が弱体化するにしたがい、子どもたちを支えるケアリングの時間と空間は急速に失われていきました。（吉田二〇〇九、二〇一―二〇二頁）

子どもを何かの手段とする教育から子どもの育ちのための教育へ。政治や経済の要請に応える人材養成から子どもの学ぶ権利の保障へ。では、どうすればこのような転換が実現できるのだろうか。

3 教育改革の展望

権利主体としての子ども

子どもの権利には、グローバルスタンダードというべき条約がある。日本が一九九四年に批准した「子どもの権利条約」である。この条約は日本の児童福祉や教育の政策に少なからぬ影響を与えており、「子どもの貧困対策推進法」(二〇一九年改正)や「こども基本法」(二〇二三年施行)でもこの条約の精神の尊重がうたわれている。

ユニセフ(国連児童基金)は、この条約を「おとなと同様にひとりの人間としてもつ様々な権利を認めると同時に、成長の過程にあって保護や配慮が必要な子どもならではの権利も定めている」と紹介し、条約の原則を次のように説明している。

1 差別の禁止(差別のないこと)

すべての子どもは、子ども自身や親の人種や国籍、性、意見、障がい、経済状況などどんな理由でも差別されず、条約の定めるすべての権利が保障されます。

２　子どもの最善の利益（子どもにとって最もよいこと）
子どもに関することが決められ、行われる時は、「その子どもにとって最もよいことは何か」を第一に考えます。

３　生命、生存及び発達に対する権利（命を守られ成長できること）
すべての子どもの命が守られ、もって生まれた能力を十分に伸ばして成長できるよう、医療、教育、生活への支援などを受けることが保障されます。

４　子どもの意見の尊重（子どもが意味のある参加ができること）
子どもは自分に関係のある事柄について自由に意見を表すことができ、おとなはその意見を子どもの発達に応じて十分に考慮します。

（日本ユニセフ協会ホームページ「子どもの権利条約の考え方」より）

子どもの権利は、義務との引き換えに与えられるものではなく、無条件にすべての子どもに保障されるべきものである。それらの中で、子どもの意見表明は諸権利の一つであると同時に、諸権利実現のための手段としてもとらえられている。

では、子どもは自分の考えや気持ちを大人に伝えることを権利だと考えているだろうか。大人は子どもの考えや気持ちを受け止める責務を感じているだろうか。残念だが現実はそうなっていない。

大人と子どもがともに社会を築いていくため、対等な人間として子どもの声に耳を傾け、言葉として語られない現実にも思いをはせることこそ、現場発の教育改革の鍵ではないだろうか。

教育の公共性を改めて問う

子ども一人ひとりの育つ権利を保障することは教育の本来的な目的である。現代の日本では、義務教育を中核とする公教育は育つ権利を保障するための制度とされている。公立の学校は公費によって運営されており、私立の学校も公費からの助成を受けている。公費、つまり税金から学校にかかるお金が出ているのは、一人ひとりの教育を受ける権利を保障することは国や自治体の責務だと考えられているからである。

公教育は一人ひとりの育ちのニーズに応えるだけでなく、社会からの要請にも応えている。経済を支える労働力を育てることはその一つだが、公教育の社会的存在意議はそれだけではない。

第一に、公教育には、ある程度までという限定はつくが、不平等や貧困を縮小させる力がある(不平等の縮小)。第2章で紹介した「効果のある学校」は、教育的不平等(学力や進路の格差)の縮小を通じて、次世代へと貧困が受け継がれていくことを防いでいる。

格差や貧困の解消は恵まれない一部の人だけに恩恵をもたらすわけではない。社会全体にも大きな利益をもたらす。ある公衆衛生の研究によると、不平等が大きくなると国民全体の心身の健康や幸福感も悪化するという(ウィルキンソン／ピケット 二〇二〇)。格差の激しい社会では万人がストレスを抱えこんでしまうからである。「勝ち組」と「負け組」に分かれる不平等社会は誰にとっても不幸な社会である。

第二に、公教育には、すべての人に開かれた社会をつくるという役割がある(社会統合)。具体的には、多様なバックグラウンドをもつ人々の相互理解を深めたり、人権尊重や民主主義などの市民社会で共有される価値を広めたりすることである。

欧米では市民性教育(シティズンシップ教育)と呼ばれる取り組みがある。日本でも成人年齢の一八歳への引き下げをきっかけに「主権者教育」が始まり、二〇二二年度には高校で「公共」という科目が始まった。自分たちとは異なるバックグラウンドをもつ多様な他者と共生し、同じ市民としてどうやって民主的な社会をつくっていくのか。このことがすべての教育者と子どもに問われているのである。

第三に、公教育には、社会をつくりかえるという役割もある（社会変革）。教育は、子どもたちの社会に対する見方を変えたり、新しい価値を創造したりして、少しずつ社会を変えていく。新しいことをする時には、それまでの常識とのぶつかり合いが必ず起きる。例えば、女性や性的マイノリティに対する差別の解消を目指す教育は、「行き過ぎ」や「偏り」を非難されてきた。これは新しい価値を創造しようとする人々と旧来の価値を守ろうとする人々とのぶつかり合いであり、社会の常識が更新されつつあることを示す実例である。教育には社会を変える新しい価値を生み出す力がある。ビースタが述べた「主体化」とは、そのような価値創造のプロセスだといえるだろう。

子どもの参加が社会を変える

子どもの権利保障の中核には「子どもの意見の尊重」がある。しかしこれは大人が意見を聞きさえすればよいという意味ではない。子どもの意見表明は「意味のある参加」の一形態である。子どもの権利条約は「表現の自由」（第一三条）や「集会・結社の自由」（第一五条）も、子どもの正当な権利として認めている。

子どもには社会に参加する権利がある。大人たちが当たり前だと考えてきた価値や習慣を問い直し、自分たちが生きる社会をよりよいものにつくりかえる権利がある。二〇一八年当時一五歳で政府の気候変動対策の手ぬるさを厳しく批判したスウェーデンの環境活動家グレタ・トゥーンベリさんはそのような権利を行使した実例である。彼女は学校を休んでスウェーデン国会前で座り込みを続け、さらには国連気候変動枠組条約第二四回締約国会議（COP24）でも早急な温暖化対策を求める演説を行った。だが、このようにはっきりと自分の意見を述べ、行動できる人はまれである。子どもの参加を実質化するには、次のようなことを考慮しなくてはならない。

まず、年齢、障害、言語能力などによって、自分の考えや気持ちを十分に表明できない子どもがいる。だが、そのような子どもにも意見表明の権利はある。ある研究者に教わったのだが、子どもの「意見」は英文では「view」と書いてあるという。条約は、理路整然とした言葉では表現されない「ものの見方・考え方」や「感じ方」も尊重せねばならないと言っているということになる。

また、子どもの意見は、時に「問題行動」や「生徒指導上の課題」として現れることもある。例えば、一九七〇年代の終わり頃から増えた不登校は、はじめは「学校に適応できない子」の「問題行動」ないしは「病理的現象」だと考えられていた。それが「不登校は誰にでも起きうる」とされ、今では学校のあり方を見直すところにまで話は進んでいる。教育に子どもを適応させるのではなく、子どもの考えや気持ちに合わせて教育を変えようという流れができつつある。

さらに、いじめ、ハラスメント、差別などで直接の被害にあった子は、権利侵害を訴えられず、沈黙してしまうことがよくある。それは、自分にも落ち度があると思い込まされたり、周りの人に訴えかけてもまともに取り合ってもらえそうにないと思ったりするからである。あまりに人権侵害が日常化してしまっていると、権利が侵害されていること自体に気がつかなくなることもある。だからこそ、自分にも他の人と同じように権利があることを学び、その権利を守るためにどのように行動すべきかを考える教育が必要である。

子どもの参加は社会を変える。そのような「意味のある参加」を引き出すことは教育の役割である。

市場における競争から地域における協働へ

最後に、子どもの参加を実現する教育のあり方をさらに具体的に考えてみたい。

教育社会学者の門脇厚司は「社会力」というユニークな概念を提唱している。「社会力」というのは、「社会を作り、作った社会を運営しつつ、その社会を絶えず作りかえていくために必要な資質や能力」(門脇 一九九九、六一頁)のことである。よく似た概念に「社会性」があるが、こちらは「すでにある社会にうまく適応できていること」(六三頁)を指す。社会性は「既存の社会の維持を志向する概念」であり、社会力は「既存の社会の革新を志向する概念」である。

門脇は、子どもの社会力を育む場は地域社会をおいてないと主張している。地域は学校よりもはるかに多様性に富む空間であり、そこには多様な人々が住んでいるからである。そして、様々な人々との応答的関係の中で、他者への関心を高め、他者のための行動に向かうことで社会力は高まっていくのだという。

門脇が「社会力」という概念を打ち出したのは約四半世紀前のことである。ちょうど学校完全五日制と総合的な学習の時間が始まろうとしていた頃で、学校中心の教育システムのあり方が見直されようとする時期だった。大阪では、総合的な学習の時間を活用した「人権総合学習」、土曜日や放課後の体験活動、学校内外における教育ボランティアが活発になり、子育てや教育を機縁にした人々のつながりができていった。教育社会学者の池田寛は、そうして新たにつくられるコミュニティを「教育コミュニティ」と呼んだ(池田 二〇〇五)。

だが、地域を基盤にした教育改革の動きは、折からの学力低下をめぐる論争を経て下火になっていった。「生きる力を育む」教育改革の象徴だった「総合的な学習の時間」は削減され、一部の自治体では子どもたちの自由な時間だったはずの土曜日にも「授業」が行われるようになった。大阪でもそれまでの取り組みを否定するような改革が進んだことは本書で述べたとおりである。

ところが、近年、地域社会の教育力や学校と地域の連携が教育改革の重点課題として再浮上してきた。二〇一〇年代に学校選択制の見直し・廃止が行われたことは第4章で述べた通りである。二〇一五年の中教審答申「新しい時代の教育や地方創生の実現に向けた学校と地域の連携・協働の在り方と今後の推進方策について」は、「地域とともにある学校への転換」「子供も大人も学び合い育ち合う教育体制の構築」「学校を核とした地域づくりの推進」を連携・協働の課題に挙げた。さらに二〇一七年には、新しい学習指導要領が告示された。この指導要領は「社会に開かれた教育課程」を次のように説明している。

教育課程を通して、これからの時代に求められる教育を実現していくためには、よりよい学校教育を通してよりよい社会を創るという理念を学校と社会とが共有し、それぞれの学校において、必要な学習内容をどのように学び、どのような資質・能力を身に付けられるようにするのかを教育課程において明確にしながら、社会との連携及び協働によりその実現を図っていくという、社会に開かれた教育課程の実現が重要となる。

今、地域社会の教育力や学校と地域の連携・協働が教育改革の課題として再び重視されるようになっている。市場における競争から地域における協働へ。教育改革の基調は変化しつつある。

自分を問い直し、社会に働きかける

政策転換の背景には、次のような社会と学校の変化があると考えられる。第一に、少子・高齢化が急速に進み、地域社会の担い手の育成が学校に求められるようになっていること、第二に、教師の多忙化や教師不足が社会問題化し、地域からの学校支援が期待されるようになっていること、そして第三に、高齢者・障害者・外国人などに対する社会的排除や貧困・社会的孤立を克服し、地域社会を様々な人々が共生する社会に変えることが求められていることである。特に二つ目の課題は、新自由主義的な経済政策や教育政策が不平等を拡大したり排外主義的な思想を助長したりしてきたことに対する「揺り戻し」現象ととらえることができるだろう。

課題解決方法を習得する学習サイクル S-RPDCA
S
「なぜ？」「自分は？」
「自分と関係あったんだ」
もっと知りたい！　やってみたい！
R
「こんな人がいるんだ」
「こんな国があるんだ」
「こんな時代があったんだ」
調べて視野を広げよう
P
役割は？
費用は？
何が必要？
社会に働きかけるために
みんなで計画しよう
D
社会にアクション！
働きかけるのって難しくて楽しい！
温かさと厳しさを経験
C
今回の学習は
どうだったの？
なぜうまくいったの？
なぜうまくいかなかったの？
A
「自分がやり続けられることは何？」
学びを自分の日常につなげよう
S
スタンディング
課題と自分との関係（立ち位置）を見つめよう
R
リサーチ
調べ考えを広げよう
P
プラン
計画しよう
D
ドゥー
やってみよう
C
チェック
ふりかえってみよう
A
アクション
次にいかそう

出所：金本・越智(2021)135 頁

図 7－1　「S-RPDCA」の学習サイクル

一つの実践例を紹介しよう。ある中学校区では「子どもの社会参画力」を育むことを目指して、子どもたちが地域の社会課題に向き合う学習が行われている。そこで特に大切にされているのは、課題と自分との関係を問い続けること、社会的な視野を広げ、多様な人々の生き方に接し、課題解決を考え続けることである(金本・越智 二〇二一)。

図7－1はそのような学習過程の概念図である。経

営学のＰＤＣＡサイクルによく似ているが、それとの決定的な違いはＳ（「課題と自分との関係（立ち位置）を見つめよう」という意味で「スタンディング」と表現されている）が学習の中心に置かれていることである。大阪の教育現場には「自分に返す」という言い方が古くからある。学習したことがらを自分の考えや行動を問い直す糧にするといった意味の言葉である。「自分に返す」と「スタンディング」は表現こそ違うが、社会と自己の関わりを考えることの重要性を強調する点は共通している。繰り返すが、教育現場に根づいたものの見方・考え方は、法令や行政施策が変わったからといって、そう簡単には変わらない。

新自由主義の思想と理論は社会と教育の将来像に多大な影響を与えてきた。新自由主義的教育改革は、子どもの育つ権利を軽んじ、子どもの成長・発達を手段化してきた。格差・不平等を拡大させ、それに自己責任で対応することを説いてきた。

だが、新自由主義もそろそろ賞味期限が近づいてきた。他者を競争相手としてとらえる教育では、今の社会の中で自分だけが「生き残る」力を育むことはできるかもしれない。だが、他者と協働しつつすべての人が「生きやすい」社会を築く力を育むことはできない。新自由主義に対するオルタナティブ（対案）を打ち出すためには「よりよい社会」の担い手として子どもを育てる教育を考えなくてはならない。

その鍵は子どもの社会参加にこそある。子どもの参加を促す教育は、社会のあり方を考え社会をつくりかえる主体として子どもを育てる教育にほかならない。そして、そのような教育は市場ではなく地域の中でこそ実現できるのである。

参考文献

池田寛『人権教育の未来――教育コミュニティの形成と学校改革』解放出版社、二〇〇五年。

市川昭午『大阪維新の会「教育基本条例案」何が問題か？』教育開発研究所、二〇一一年。

犬山市教育委員会編『全国学力テスト、参加しません。――犬山市教育委員会の選択』明石書店、二〇〇七年。

ウィッティー、ジェフ『教育改革の社会学――市場、公教育、シティズンシップ』堀尾輝久・久冨善之監訳、東京大学出版会、二〇〇四年。

ウィルキンソン、リチャード／ピケット、ケイト『格差は心を壊す――比較という呪縛』川島睦保訳、東洋経済新報社、二〇二〇年。

上杉孝實「基礎教育保障学会の目的と活動内容」『基礎教育保障学研究』創刊号、二〇一七年、一一九頁。

大阪府教育委員会事務局スタッフ編『行政が熱い――大阪は教育をどう変えようとしているのか』明治図書、二〇〇五年。

岡部恒治・戸瀬信之・西村和雄編『分数ができない大学生――21世紀の日本が危ない』東洋経済新報社、一九九九年。

門脇厚司『子どもの社会力』岩波新書、一九九九年。

金本麻子・越智健太「自分ごととして受け止め「行動できる力」を育む――地域と協働した総合的な学習の時間「いまとみらい」」『部落解放』二〇二一年一〇月増刊号、一三二―一四五頁。

苅谷剛彦『階層化日本と教育危機――不平等再生産から意欲格差社会へ』有信堂、二〇〇一年。

苅谷剛彦・志水宏吉・清水睦美・諸田裕子『調査報告「学力低下」の実態』岩波ブックレット、二〇〇二年。

関西教育行政学会「シンポジウム　新自由主義的教育改革は教育現場に何をもたらしたか」『教育行財政研究』第四七号、二〇二〇年、二三―四五頁。

菊地栄治『希望をつむぐ高校――生徒の現実と向き合う学校改革』岩波書店、二〇一二年。

久保敬『フツーの校長、市長に直訴！――ガッツせんべいの人権教育論』解放出版社、二〇二二年。

クルツ、クリスティ『学力工場の社会学――英国の新自由主義的教育改革による不平等の再生産』仲田康一監訳、濱元伸彦訳、明石書店、二〇二〇年。

斎藤貴男『機会不平等』岩波現代文庫、二〇一六年。

佐藤学『「学び」から逃走する子どもたち』岩波ブックレット、二〇〇〇年。

志賀信夫「社会福祉と子どもの貧困――投資アプローチとwell-beingアプローチ」『日本教育政策学会年報』第二五巻、二〇一八年、一一五―一二五頁。

志水宏吉編『「力のある学校」の探究』大阪大学出版会、二〇〇九年。

志水宏吉『検証　大阪の教育改革――いま、何が起こっているのか』岩波ブックレット、二〇一二年。

志水宏吉『二極化する学校――公立校の「格差」に向き合う』亜紀書房、二〇二一年。

志水宏吉「公正を重視する大阪の公教育理念」髙谷幸編著『多文化共生の実験室――大阪から考える』青弓社、二一四―二三三頁、二〇二二年。

志水宏吉編著・茨木市教育委員会著『「一人も見捨てへん」教育――すべての子どもの学力向上に挑む』東洋館出版社、二〇一四年。

志水宏吉・髙田一宏編著『学力政策の比較社会学　国内編――全国学力テストは都道府県に何をもたらしたか』明石書店、二〇一二年。

志水宏吉・髙田一宏編著『マインド・ザ・ギャップ！――現代日本の学力格差とその克服』大阪大学出版会、二〇一六年。

神村早織・森実編著『人権教育への招待――ダイバーシティの未来をひらく』解放出版社、二〇一九年。

鈴木祥蔵・横田三郎・村越末男編『戦後同和教育の歴史』解放出版社、一九七六年。

髙田一宏「大阪市の学校選択制――揺らぐ公共性、広がる格差」『教育文化学年報』第一一号、二〇一六年、一四―二四頁。

髙田一宏『ウェルビーイングを実現する学力保障――教育と福祉の橋渡しを考える』大阪大学出版会、二〇一九年。

髙谷幸編著『多文化共生の実験室――大阪から考える』青弓社、二〇二二年。

田中拓道『リベラルとは何か――17世紀の自由主義から現代日本まで』中公新書、二〇二〇年。

知念渉「「集団づくり」は公正な社会観を育むか？――学力形成に付随する社会関係の社会化機能」志水宏吉・髙田一宏編著『マインド・ザ・ギャップ！――現代日本の学力格差とその克服』大阪大学出版会、二〇一六年、一二五―一四四頁。

中西広大「大阪市における学力テスト結果公開と人口流入――小・中学校における学校選択制の検討から」『都市文化研究』第二二号、二〇一九年、六六―七九頁。

中西正人『大阪の教育行政――橋下知事との相克と協調』株式会社ＥＲＰ、二〇二〇年。

中野陸夫・中尾健次・池田寛・森実『同和教育への招待――人権教育をひらく』解放出版社、二〇〇〇年。

中野陸夫「教育課題としての進路保障」中野陸夫・池田寛・中尾健次・森実『同和教育への招待――人権教育をひらく』解放出版社、二〇〇〇年、一八六―一九七頁。

中村瑛仁『〈しんどい学校〉の教員文化――社会的マイノリティの子どもと向き合う教員の仕事・アイデンティティ・キャリア』大阪大学出版会、二〇一九年。

濱元伸彦・原田琢也編著『新自由主義的な教育改革と学校文化――大阪の改革に関する批判的教育研究』明石書店、二〇一八年。

濱元伸彦「チャレンジテストに基づく評定システムは中学校現場に何をもたらしたか――教育制度および実践における公正性と応答性の揺らぎ」濱元伸彦・原田琢也編著『新自由主義的な教育改革と学校文化――大阪の改革に関する批判的教育研究』明石書店、二〇一八年、九八―一三一頁。

濱元伸彦「大阪市の学校選択制は学校にどのような影響をもたらしているか――６区の現状調査の結果を

総合して」『教育学論究』第一三号、二〇二一年、九一―一〇三頁。

広田照幸『シリーズ思考のフロンティア 教育』岩波書店、二〇〇四年。

ビースタ、ガート『よい教育とはなにか――倫理・政治・民主主義』藤井啓之・玉木博章訳、白澤社、二〇一六年。

ブラウン、フィリップ「文化資本と社会的排除」A・H・ハルゼー、H・ローダー、P・ブラウン、A・S・ウェルズ編『教育社会学――第三のソリューション』住田正樹・秋永雄一・吉本圭一編訳、九州大学出版会、二〇〇五年、五九七―六二二頁。

前馬優策「大阪の高校入試改革と進路保障実践のひずみ」濱元伸彦・原田琢也編著『新自由主義的な教育改革と学校文化――大阪の改革に関する批判的教育研究』明石書店、二〇一八年、七四―九七頁。

嶺井正也・中川登志男編著『選ばれる学校・選ばれない学校――公立小・中学校の学校選択制は今』八月書館、二〇〇五年。

宮崎亮『僕の好きな先生』朝日新聞出版、二〇二三年。

森実編著『同和教育実践がひらく人権教育――熱と光にみちびかれて』解放出版社、二〇〇二年。

山内結「大阪市の新自由主義的教育改革が教員にもたらした影響――社会正義のための教員の主体性に着目して」(二〇二二年度大阪大学大学院人間科学研究科修士論文)、二〇二三年。

山本晃輔・榎井縁編著『外国人生徒と共に歩む大阪の高校――学校文化の変容と卒業生のライフコース』明石書店、二〇二三年。

湯浅誠『ヒーローを待っていても世界は変わらない』朝日新聞出版、二〇一五年。

吉田敦彦「ケアの三つの位相とその補完関係――〈ひとり〉と〈みんな〉の間の〈ふたり〉」吉田敦彦・守屋治代・平野慶次編『ホリスティック・ケア――新たなつながりの中の看護・福祉・教育』せせらぎ出版、二〇〇九年、一九〇―二〇九頁。

米川英樹・新谷龍太朗「アメリカにおける学力向上政策の幻想と現実――「落ちこぼし防止法」の導入とその成果をめぐって」志水宏吉・鈴木勇編著『学力政策の比較社会学 国際編――ＰＩＳＡは各国に何をもたらしたか』明石書店、二〇一二年、一六一―一八三頁。

ラビッチ、ダイアン『偉大なるアメリカ公立学校の死と生――テストと学校選択がいかに教育をだめにしてきたのか』本図愛実監訳、協同出版、二〇一三年。

Manfred B. Steger & Ravi K. Roy, *Neoliberalism: A Very Short Introduction*, Oxford University Press, 2021.

あとがき

岩波新書編集部から「本を書いてみませんか」とお誘いをいただいたのは、一昨年の夏だった。テーマは新自由主義的な教育改革である。大阪を事例として取り上げつつ「現地レポート」にとどまらないような議論をしてほしいとのことだった。

私は大学入学と同時に郷里の広島から大阪に出てきた。それから妻に出会い、親になり、教育研究者になった。この間、大阪の教育界には公私ともどもお世話になってきた。本書にはお世話になってきた方々への恩返しの意味もある。

私は仕事柄、教職員組合や人権教育の研究団体の活動に関わることが多い。そうした機会に、大阪の教育が反差別と人権保障の理念を大切にしてきたことをしばしば意識させられる。研究者の集まりである学会でも、社会的少数者(マイノリティ)や格差・貧困に関わる研究にいち早く取り組んできたのは、大阪をはじめとする関西の研究者である。しかし、大阪の教育実践とそれに触発された研究の意義は、広く理解されてきたとはいえない。私たちが「井の中の蛙」

だったといえばそれまでのことだが、日本の教育界では、実践においても研究においても、社会的差別の解消や不平等の是正といった課題に正面から取り組むことはあまりなかったからである。

二〇〇〇年代以後の大阪では「新自由主義的」といわれる教育改革が推し進められてきた。改革はこれまでの大阪の教育文化とは相容れないものであり、教育現場に多くの混乱をもたらした。だが、読者には大阪で起きた出来事を「対岸の火事」ととらえてほしくはない。本書で描いたような改革の背景には、ナショナルレベルで進行した教育の結果（アウトカム）に対する統制強化と教育の実施における競争促進があった。教育の専門性や政治的中立性を尊重せず、政治主導で一挙に改革を進めようとする動きがあった。大阪と同じようなことは、条件次第でどこでも起きる可能性がある。

本書の記述の多くは調査や教育統計のデータにもとづいているが、最後の第7章では教育哲学の議論に踏みこんだ。研究者には、現状を分析するだけでなく未来への展望を述べる責任があると考えたからである。そこで、勉強不足は承知の上で、あえて「こうあるべきではないか」という問いを読者に投げかけてみた。問いかけが的を射ているかどうかの判断は読者に委ねるしかないのだけれど。

本書の執筆にあたっては、多くの方々にお世話になった。

先行研究として真っ先に参考にしたのは、今年三月まで同じ研究室におられた志水宏吉先生の研究である。大阪の教育文化の意義を考える上で、先生の研究は大いに参考になった。濱元伸彦さんと原田琢也さんの研究は、改革が教育現場に与えた影響を具体的に考える手がかりになった。二〇一三年から一五年にかけて国の助成を受けて行った共同研究（新自由主義的教育改革と学校文化の葛藤に関する研究）が本書の原点となったことも申しそえておきたい。研究にご協力いただいた地域の皆さんや教育関係者の皆さんには、教育現場の実情をしっかりと見聞きすることの大切さを教えていただいた。

師の池田寛先生が亡くなってから二〇年が経つ。池田先生は「地域から教育をみる」という視点を大切にされていた。本書のあちこちに地域への言及があるのは先生の影響である。執筆の最終盤で濱元さんに助言を求めた時、私は改めてそれに気がついた。先生には地域という背景のもとで学校のあり方を考えることの大切さを教えていただいた。じかにお礼を述べられないことが残念でならない。

最後に、編集を担当してくださった田中宏幸さんに改めて感謝を申し上げたい。田中さんには、企画の提案に始まり、全体の章立てと各章の内容の検討、原稿の細かい表現の手直し、文献・資料の整理に至るまでサポートをしていただいた。田中さんは、執筆の水先案内人であり最初の読者でもあった。私は、一冊の本をつくるのは編集者と執筆者の共同作業だとつくづく感じた。こうしてゴールにたどり着けたのは田中さんのおかげです。今まで伴走してくださって、本当にありがとうございました。

髙田一宏

二〇二四年六月

高田一宏

1965年生まれ．大阪大学大学院人間科学研究科教授．博士(人間科学)．

兵庫県立大学准教授，大阪大学准教授などを経て現職．

専門は教育社会学・地域教育論・同和教育論．

著書に『ウェルビーイングを実現する学力保障――教育と福祉の橋渡しを考える』，『マインド・ザ・ギャップ！――現代日本の学力格差とその克服』(志水宏吉との共編著，以上，大阪大学出版会)，『教育コミュニティの創造――新たな教育文化と学校づくりのために』(明治図書出版) など．

新自由主義と教育改革
　大阪から問う　　　　岩波新書(新赤版)2029

2024年8月20日　第1刷発行

著　者　高田《たかだ》一宏《かずひろ》

発行者　坂本政謙

発行所　株式会社 岩波書店
〒101-8002 東京都千代田区一ツ橋 2-5-5
案内 03-5210-4000　営業部 03-5210-4111
https://www.iwanami.co.jp/

新書編集部 03-5210-4054
https://www.iwanami.co.jp/sin/

印刷・三陽社　カバー・半七印刷　製本・中永製本

© Kazuhiro Takada 2024
ISBN 978-4-00-432029-6　　Printed in Japan

岩波新書新赤版一〇〇〇点に際して

ひとつの時代が終わったと言われて久しい。だが、その先にいかなる時代を展望するのか、私たちはその輪郭すら描きえていない。二〇世紀から持ち越した課題の多くは、未だ解決の緒を見つけることのできないままであり、二一世紀が新たに招きよせた問題も少なくない。グローバル資本主義の浸透、憎悪の連鎖、暴力の応酬――世界は混沌として深い不安の只中にある。

現代社会においては変化が常態となり、速さと新しさに絶対的な価値が与えられた。消費社会の深化と情報技術の革命は、種々の境界を無くし、人々の生活やコミュニケーションの様式を根底から変容させてきた。ライフスタイルは多様化し、一面では個人の生き方をそれぞれが選びとる時代が始まっている。同時に、新たな格差が生まれ、様々な次元での亀裂や分断が深まっている。社会や歴史に対する意識が揺らぎ、普遍的な理念に対する根本的な懐疑や、現実を変えることへの無力感がひそかに根を張りつつある。そして生きることに誰もが困難を覚える時代が到来している。

しかし、日常生活のそれぞれの場で、自由と民主主義を獲得し実践することを通じて、私たち自身がそうした閉塞を乗り超え、希望の時代の幕開けを告げてゆくことは不可能ではあるまい。そのために、いま求められていること――それは、個と個の間で開かれた対話を積み重ねながら、人間らしく生きることの条件について一人ひとりが粘り強く思考することではないか。その営みの糧となるものが、教養に外ならないと私たちは考える。歴史とは何か、よく生きるとはいかなることか、世界そして人間はどこへ向かうべきなのか――こうした根源的な問いとの格闘が、文化と知の厚みを作り出し、個人と社会を支える基盤としての教養となった。まさにそのような教養への道案内こそ、岩波新書が創刊以来、追求してきたことである。

岩波新書は、日中戦争下の一九三八年一一月に赤版として創刊された。創刊の辞は、道義の精神に則らない日本の行動を憂慮し、批判的精神と良心的行動の欠如を戒めつつ、現代人の現代的教養を刊行の目的とする、と謳っている。以後、青版、黄版、新赤版と装いを改めながら、合計二五〇〇点余りを世に問うてきた。そして、いままた新赤版が一〇〇〇点を迎えたのを機に、人間の理性と良心への信頼を再確認し、それに裏打ちされた文化を培っていく決意を込めて、新しい装丁のもとに再出発したいと思う。一冊一冊から吹き出す新風が一人でも多くの読者の許に届くこと、そして希望ある時代への想像力を豊かにかき立てることを切に願う。

（二〇〇六年四月）